POLITIQUE RÉNOVATRICE

DISCOURS

POLITIQUE RÉNOVATRICE

DISCOURS

PRONONCÉS PAR

EUGÈNE VILLEDIEU

Candidat de l'indépendance démocratique

AUX ÉLECTIONS LÉGISLATIVES DE 1869

PARIS

GUILLAUMIN ET Cie, ÉDITEURS
14, rue de Richelieu.

DENTU, ÉDITEUR
Palais-Royal, 17 et 19, galerie d'Orléans.

1869

PRÉFACE

La cause que ma candidature a représentée dans l'Ardèche, aux élections du 24 mai, est celle-ci :

« Défense de l'Eglise et de la vraie démocratie ; politique croyante et rénovatrice, en dehors de l'esprit révolutionnaire et de l'arbitraire césarien. »

Ce programme, le plus rigoureusement juste et le plus opportun, ce me semble, que l'on pût en ce moment présenter à notre pays, a-t-il eu, parmi ceux-là mêmes à qui il s'adressait, la notoriété qu'il devait avoir ? A-t-il été suffisamment connu de la plupart d'entre eux ?

Non; et la bonne foi d'un grand nombre d'électeurs de la première circonscription de l'Ardèche a été surprise par les influences contraires qui ont agi sur eux.

Ces influences ont été de trois sortes.

La pression exercée par le Pouvoir a comme imposé à beaucoup de nos concitoyens une candidature ayant derrière elle dix-huit années d'acquiescement docile à la politique gouvernementale, dix-huit années d'abandon de plusieurs des principaux intérêts de la France, aux divers points de vue sociaux.

L'action des comités du radicalisme révolutionnaire a fait accepter par beaucoup d'électeurs, comme digne d'appui et convenablement réformatrice, une candidature qui a rallié à elle bien des entraînements désordonnés et qui a trouvé la plus grande partie de sa force dans les passions de la démagogie.

Le progrès démocratique n'était nullement, en réalité, au fond de ces menées de parti ; et la défense de la démocratie, je puis la revendiquer hautement pour le drapeau où nous avions inscrit et qui nous a servi à proclamer, dans cette lutte électorale, les principes chrétiens et rationnels, seules bases de l'ordre social.

Enfin, la troisième influence que nous avons eue contre nous a été celle d'un élément conservateur, sympathique à maints égards à l'œuvre que nous poursuivions, mais ne s'étant point dit assez que, pour l'action politique que réclame notre temps, il faut s'élever au-dessus des intérêts étroits, des considérations inférieures, et que, pour servir la vérité sociale, il faut le contrôle des actes du Pouvoir, il faut ce contrôle qui est le devoir d'état des Représentants de la nation.

Aujourd'hui que l'effervescence de ce conflit d'opinions est calmée, en partie du moins, nous nous adressons à ceux de nos concitoyens qui tiennent à préparer le progrès de l'esprit public et de nos institutions nationales, et nous leur disons :

Le moyen d'échapper à bien des abus, ce n'est pas de nous jeter en aveugles dans le hasard des bouleversements ; c'est de vouloir, avec énergie et sagesse, la conquête pacifique et la juste défense de nos droits.

Le moyen de faire respecter les principes qui doivent avoir notre attachement, ce n'est pas de choisir pour mandataires des hommes invariablement approbateurs des actes du Pouvoir ou inféodés aux factions, des hommes qui, par situation, sont inaptes à servir nos libertés vitales, et notamment la liberté de l'Eglise, élément capital pour la civilisation moderne ; c'est de voir défendre par nos représentants, non-seulement avec un vote silencieux, mais avec l'éloquence d'une prosélytique conviction, les vérités politiques fondamentales, et d'abord cette liberté de l'Eglise, d'où dépend l'essor vers un monde social de plus généreuse équité ; c'est d'avoir des législateurs désireux de servir la cause chrétienne, dans l'amour de tout ce qui doit réaliser le progrès humain.

Ainsi, vous qui vous préoccupez de l'affermissement de la démocratie dans la justice, ayez à cœur de voir exprimer vos pensées par ceux qui joignent à la prudence chrétienne l'enthousiasme fervent pour les grandeurs de la démocratie.

Vous qui avez une noble anxiété pour les intérêts religieux sur lesquels reposent tous les intérêts légitimes, faites-en préconiser les principes, à la tribune nationale, par des hommes qui aient voué leur vie à les défendre, par des hommes profondément convaincus qu'appuyer ces vérités premières, c'est préserver notre civilisation et c'est lui préparer le grand avenir.

Voilà ce que l'on ne s'est point dit assez dans notre pays.

Mais est-ce sans péril pour l'ordre et pour la liberté que l'on obéit politiquement à des influences déréglées, quand il faut suivre la haute raison ?

Les faits sont là, et ils répondent : non !

Aussi, à ceux de nos concitoyens qui appellent le développement de la véritable démocratie, qui désirent le voir se réaliser autrement que par l'empirisme révolutionnaire, et qui pourtant, dans cette lutte, se sont laissés séduire par les vains leurres de la démagogie, à ceux-là nous disons :

C'a été pour beaucoup l'œuvre de votre imprudence, si l'indépendance démocratique a été vaincue dans l'Ardèche aux élections dernières par les habiletés gouvernementales, dont les manœuvres de l'esprit sectaire sont venues à point servir les vues.

Aux hommes religieux qui ont présumé si étrangement que les compromissions de notre redoutable époque pouvaient être conjurées par une politique sans contrôle national, à ceux-là nous disons :

Qu'avez-vous obtenu ? qu'avez-vous gagné, pour la défense des principes qui vous sont chers ?

Quel pas avez-vous fait faire, dans cette campagne électorale, en dehors d'une voie dangereuse dont vous ne vouliez pas et dont vous ne voulez point ?

Et si une amélioration a commencé à s'opérer dans un trop fâcheux état de choses, est-ce donc votre initiative de citoyens qui a contribué à l'amener ?

La situation vraie reste à prendre.

Il reste à poursuivre activement, dans notre société contemporaine, ce à quoi nous avons travaillé : et le mouvement des faits vers une réalisation moins indigente de la justice démocratique, et le mouvement des idées vers une acceptation intégrale des données de la politique chrétienne.

Courage donc, et, dans notre action civique, soyons hommes d'intelligence et de zèle.

Comprenons la politique, non comme un moyen d'abaisser les âmes dans un machiavélisme dépravateur, mais comme une puissance qui doit les élever vers le but souverain de la vie humaine et qui doit amener les peuples de plus en plus près du but social : le triomphe de la justice et le règne du Christ dans les nations.

Donnons nos pensées et nos efforts à la politique ainsi comprise, et nous servirons noblement tous les vrais intérêts publics.

Ecoutons la raison chrétienne et non les influences grossières ou les passions d'erreur.

Elles sont le danger de la sécurité publique; elles sont l'écueil de l'honneur national; elles sont la ruine de la liberté.

Ai-je tenu à propager d'autres sentiments, d'autre doctrine, dans cette campagne électorale ?

On le verra en lisant ces discours.

EUGÈNE VILLEDIEU.

Château de Berzème, 25 août 1869.

LA POLITIQUE

POUR

LES TRAVAILLEURS

ET

LA POLITIQUE DU PASSÉ

LA POLITIQUE
POUR
LES TRAVAILLEURS
ET
LA POLITIQUE DU PASSÉ

DISCOURS

PRONONCÉ A AUBENAS LE 28 MARS 1869.

MESSIEURS,

Si, en ce moment, je vous demandais qui vous êtes, vous que je vois réunis ici, que me répondriez-vous?

Vous me répondriez :

« Nous sommes des hommes voués à l'étude, aux professions libérales, au commerce, à l'agriculture, à l'industrie ; nous sommes des travailleurs. »

Et moi j'ajouterais :

Vous êtes sans doute aussi des hommes de foi, des hommes de patriotisme, des hommes d'énergie morale et de dévouement ; car c'est tout cela qui fait le travailleur, dans l'entière acception du mot.

Vous êtes des hommes qui ne vous renfermez point d'une manière exclusive dans vos intérêts particuliers, dans vos seules pensées de famille, de gain ou de spécialité professionnelle ; vous tenez à vous préoccuper, vous aussi, des idées qui font marcher le monde, des grands intérêts sociaux auxquels les vôtres sont unis inséparablement.

Eh bien ! Messieurs, — puisque j'ai le bonheur de me trouver avec vous, moi que des souvenirs chers à mon cœur et des liens de concitoyenneté rattachent étroitement à vous, moi qui désire y tenir de plus près encore par les suffrages que je vous demanderai pour servir la cause de la vérité politique et de nos légitimes libertés, — examinons ensemble, à l'approche de la lutte électorale, quelqu'une de ces questions qui sont générales, il est vrai, mais qui cependant offrent un intérêt particulier en vue de cette lutte qui se prépare et au sujet desquelles ainsi la réponse que l'on peut leur faire nous regarde tous, nous touche de très-près.

Abordons une de ces questions auxquelles vous n'êtes point indifférents, puisqu'elles intéressent, à cette heure, les bons esprits dans l'ensemble des travailleurs, — en prenant toujours ici ce mot dans sa plus large signification.

Et ce que nous allons vous demander, Messieurs, c'est ceci :

Qu'ont été les tendances de la politique dans les divers siècles de l'humanité, y compris le nôtre, — qu'ont elles été généralement au point de vue social de la justice démocratique, et particulièrement au point de vue économique du travail et des travailleurs ?

Ensuite et sous les deux rapports que je viens de dire, — que doit être la politique désormais dans le monde moderne ?

Certes, Messieurs, vous le supposez bien, nous ne pourrons pas étudier ici cette double question sous les nombreux aspects qu'elle comporte ; mais nous allons l'envisager au moins dans ce qui en est une des faces principales.

I

Messieurs, il est arrivé sans doute à chacun de vous de porter sur la politique deux jugements tout opposés.

Plus d'une fois, dans une indignation généreuse, vous vous êtes écrié :

« La politique ! c'est du charlatanisme ! c'est de l'infamie ! »

Plus d'une fois, vous vous êtes dit, avec un sentiment non moins profond :

« La politique! c'est de la grandeur d'idées! c'est du dévouement! »

Et ces appréciations contraires pouvaient être entièrement exactes.

C'était, en quatre mots, la politique caractérisée dans ce qu'elle a été trop souvent, et aussi dans ce qu'elle a été quelquefois, dans ce qu'elle est appelée à être.

Oui, devant les principes du vrai, devant le spectacle émouvant de la vie agitée des peuples ; devant le tableau du travail humain se déroulant le long des âges, au milieu des joies et des larmes, des félicités et des deuils ; devant cela, il y a eu la politique du mensonge et il y a eu celle de la vérité.

Il y a eu la politique désordonnée dans ses pensées et dans ses actes, politique néfaste, politique malheureuse, malgré ses courts triomphes, malgré ses honteuses prospérités.

Et il y a eu la politique de la probité, de l'énergie consciencieuse, de l'aimante sincérité.

A son souvenir, nous sommes fiers d'être hommes. Devant ses gloires, oh ! nous nous inclinons !

Messieurs, ouvrons l'histoire ; ouvrons les annales des nations. Qu'y voyons-nous ?

Nous y voyons apparaître çà et là, dans le gouvernement des peuples, ces directions vraies qu'amènent la vertu, l'élévation de l'âme, la connaissance des hommes et des choses, la prudence, la sublime hardiesse, l'élan magnanime pour le bien.

Nous y voyons, de loin en loin, la politique passionnée pour le bonheur public, juste pour tous, secourable aux plus humbles, protectrice des plus délaissés.

Cette politique brille d'un vif éclat, à certains jours de l'antiquité juive.

Elle se montre, mais très-indigemment, chez d'autres peuples du monde ancien.

Elle apparaît, à des degrés divers, au temps des Charlemagne et des saint Louis.

Cette politique, nous l'apercevons dans la bouillante époque des croisades, et dans les mémorables luttes du Sacerdoce et de l'Empire.

Nous la voyons jeter son reflet d'or sur le front pur d'une fille des champs, Jeanne d'Arc, en qui, pour ainsi dire, s'incarne un moment, parmi nous, l'héroïsme qui combat les oppresseurs et qui appelle la liberté des nations !

Cette politique fait la splendeur des grandes républiques italiennes.

Elle se révèle, plus ou moins, à divers moments de l'histoire de France, de Pologne, d'Italie, d'Angleterre, d'Espagne, de Hongrie, d'Allemagne et d'ailleurs.

Elle jette enfin de rapides éclairs dans l'orage social des temps modernes, dans ce mouvement transformateur qui a électrisé nos pères et qui nous a fait palpiter, nous aussi, devant les perspectives fascinantes de la fraternité des peuples, devant les magiques espérances d'un avenir meilleur !

Et cette politique aux aspirations progressives, cette politique qu'on a pu bénir, qu'on a pu admirer, trop rarement sans doute mais parfois, qu'a-t-elle été dans ce qu'elle a eu d'intime ?

N'a-t-elle reconnu d'autre centre d'action que son *moi* ? N'a-t-elle eu d'autre inspiration que sa pauvre sagesse, d'autre morale que son orgueil ?

Non ! Elle a aimé à voir dans son ciel l'idéal divin de la justice.

Elle s'est rattachée à Dieu ; elle a proclamé hautement qu'elle tenait de lui sa mission ; et elle a voulu la remplir dans un zèle fervent, ayant en vue Dieu et l'humanité !

Dans cet amour, dans la simple droiture, elle a été noble dévouement. Elle a été compassion pour les souffrances de l'existence humaine. Elle a été désir ardent, désir inassouvi du règne de l'équité ici-bas !

Elle a eu ainsi, cette politique, sa manifestation dans le passé. Elle a eu son rayonnement au milieu des ténèbres séculaires. Elle a eu ses grands hommes, puisqu'elle a eu ses martyrs du devoir !

Mais, Messieurs, demandons-nous le, — car ce que nous avons

à examiner ici ce sont les tendances générales et les résultats sociaux de la politique, — ces directions normales que nous venons de rencontrer dans le gouvernement des peuples, comment se sont-elles exprimées quant à la position des travailleurs ?

Elles se sont exprimées par une sollicitude active, par une préoccupation efficace de servir tous ceux qui travaillent, de les servir d'une manière souvent trop inégale et toujours incomplète, mais toujours importante à quelque égard.

L'histoire, Messieurs, nous offre à ce sujet ce constant témoignage :

La politique qui a eu à cœur la justice, et dans la mesure même où elle l'a eue, a compris partout le devoir du travail ; partout elle l'a généreusement accepté ; partout, elle en a fait une des bases de sa grandeur ; partout, elle en a fait, pour les nations, une cause puissante de perfectionnement moral et de pacifiques conquêtes de l'ordre matériel.

Oui, les tendances sociales de la politique d'équité ont été ceci dans tous les temps :

Servir le grand nombre des travailleurs ; coopérer, par une action consciente ou non de ce but mais incessante, à leur future émancipation ; préparer, d'une manière plus ou moins directe mais certaine, mais inévitable, l'avènement complet de la démocratie dans le monde politique et dans le monde industriel.

Telle a été, Messieurs, la politique qui, dans les anciens jours, a repoussé l'esclavage payen.

Telle est celle qui a réagi contre lui, dès les premiers siècles du christianisme.

Telle est celle qui a dicté les *capitulaires* de Charlemagne ; qui a adouci le sort des colons dans notre Occident ; qui y a affranchi les serfs ; qui y a secondé la renaissance de l'industrie ; qui y a institué l'assistance publique pour les infirmes et pour les indigents.

Telles sont les tendances qui ont fait se lever, au moyen-âge, cette association si grandiose, si chrétienne, si populaire, qui s'appela la *Trève de Dieu*, union de tous les travailleurs, de tous les défenseurs de la justice contre le brigandage de la féodalité.

Telles sont les pensées qui, alors aussi, dans notre Europe, ont fait surgir les communes et ont établi les corporations, à l'impulsion d'abord si libérale, et que l'absolutisme royal devait exploiter indignement, qu'il devait corrompre et dégrader.

Telle est la politique qui a suscité dans les républiques italiennes un essor industriel aux plus vaillantes innovations.

Telles sont les tendances qui ont produit, plus tard, en choses économiques autant qu'en choses politiques, le grand mouvement de 1789.

Telles sont celles, enfin, qui ont opéré déjà bien des modifications heureuses dans la période contemporaine de notre civilisation occidentale, et qui notamment y ont aboli à peu près partout l'esclavage moderne.

Voilà, Messieurs, une des tendances que l'histoire nous montre dans la politique humaine.

Vous le voyez, cette tendance qu'est-elle au fond ?

Elle est croyante ; elle est rénovatrice ; elle est explicitement ou implicitement démocratique ; elle est en faveur du travail et des travailleurs.

Mais est-ce la seule direction que nous constations dans le gouvernement des peuples ? Et nous parlons ici de tout ce qui a eu le gouvernement politique sur des réunions d'hommes, petites ou grandes,— de tout ce qui l'a eu, à un titre et sous un nom quelconque.

La politique de droiture, est-ce la seule que l'on ait vue ? La politique encensée a-t-elle été celle de la justice ? La politique des conquérants, la politique des triomphateurs a-t-elle été celle du dévouement ?

La justice, le dévouement, mais c'est l'ordre.

Et l'ordre, pour tout ce qui tient à l'homme intellectuel et moral, comme la politique y tient de près, l'ordre dans ce qui le caractérise le mieux, en quoi consiste-t-il donc ?

Il consiste, Messieurs, à servir d'abord la vérité, et ensuite, ou plutôt en même temps, à servir les hommes dans la vérité.

Eh bien ! voyez encore l'histoire; lisez-y le programme de la politique du succès mondain.

Ce programme, il est écrit avec les pleurs, avec le sang des nations ! Il est écrit avec les larmes des travailleurs abusés, exploités, pressurés !

Ce qu'a été cette politique, entendez-le, comme tous les échos le font retentir d'un bout du monde à l'autre :

« Trahir souvent le vrai ; servir peu ou méservir les peuples ; servir désordonnément soi-même, dans un égoïsme aveugle et désastreux. »

Voilà ce que la politique a su réaliser. Et quelle politique donc ?

Celle qui a eu les servilités, les adulations, les louanges criminelles ; celle qui a plié les corps à son œuvre ; celle qui a corrompu les âmes ; celle qui a pris les peuples et qui les a broyés dans ses engrenages puissants !

La vérité, la justice, que de fois elle en a fait dérision ! Que de fois sa règle a été son caprice, et sa loi, ses intérêts pervers !

Cette politique, suivez-la le long du cours des âges.

Tantôt elle a eu l'âpre omnipotence autocratique ; tantôt elle a été astucieusement tempérée par plus de civilisation ; tantôt elle a nettement affirmé et effrontément pratiqué sur les peuples son plein « droit » à la tyrannie ; tantôt elle s'est colorée de la teinte des blafards libéralismes.

Là, elle a été surtout violence ; ailleurs, surtout hypocrisie.

Là, elle a eu pour code la passion expéditive et brutale ; ailleurs, au service de sa passion, elle a appelé l'égoïste sagesse, la pondération du bien et du mal, la prudence qui sait attendre, l'habileté qui s'insinue, la modération qui n'exaspère pas.

Pour cette politique, sa vie a été la main mise sur les peuples ; son droit a été le mépris du devoir !

Voyez-la passer dans les sombres siècles ! Voyez-la combattre la foi, combattre l'honneur, combattre ce qui est sublime, ce qui est saint.

Voyez ces enthousiastes du Christ, voyez ces amants de l'austère équité qu'elle a martyrisés !

Voyez ces défenseurs du droit que, par milliers, elle a sacrifiés !

Voyez-la immoler à son implacable ambition tant de citoyens, tant d'hommes de cœur qui n'ont pas incliné leur front devant les crimes de la force !

Que dis-je ? voyez-la effacer d'ici-bas des peuples entiers !

Ils ont lutté, ces peuples, ils ont lutté contre la politique du mensonge.

Ils ont succombé ; ils ont disparu de la scène livide.

Et l'histoire, sévère, vengeresse, a écrit et elle écrira :

« Gloire à ces peuples ! Infamie au mensonge ! Honte aux puissances d'iniquité ! »

Mais vous me direz peut-être :

« Quand a-t-on vu de tels spectacles ? S'il y en a eu, ne sont-ils pas perdus dans la brume du passé ? »

Vous le croyez ? Et de ces spectacles, en voilà sous vos yeux !

Oui, c'est le spectacle d'un peuple à qui, au dix-neuvième siècle, le despotisme a crié :

« Pour toi, il n'y point de place au soleil ! »

Ce soleil qui voit rire nos fêtes, il vient d'éclairer ces forfaits !

Et l'Europe les a vus ! L'Europe calme y a assisté !

Pologne, tu t'es levée contre l'infernale oppression du césarisme nouveau.

Mais les puissants l'ont emporté. Le césarisme a vaincu.

Et de toi, peuple, que reste-t-il ?

Des martyrs ! Des martyrs errants par l'Europe ! Des martyrs déportés au fond des lointains déserts de l'Asie ! Des martyrs dont l'affliction et l'indéfectible amour de la France nous appellent à sauver leur patrie !

De toi, Pologne, que reste-t-il ?

La vie ! Oui, la vie frémit là encore. La vie ? Elle est là au sépulcre, à cette heure ; mais elle en sortira !

Et demain, ce soldat de Dieu et de la justice, demain ce peuple que le césarisme a jeté vivant là où sont les morts du siècle, demain il se lèvera, il dira à ses vils bourreaux :

« Je vous aime ! Je vous aime encore dans le Christ ! Faites votre œuvre là où il la faut. Faisons, peuples unis et frères, faisons l'œuvre du progrès saint ! Faisons l'œuvre de Dieu ! »

Voilà, Messieurs, ce que peut être la politique du désordre, la politique de l'ordre menteur.

Vous en voyez l'image saisissante dans la tyrannie qui vient d'égorger la Pologne, qui vient de recouvrir à peine la fosse de cette héroïque nation !

Oui, il y a une politique effrayamment inique, qui, sous le masque de la *raison d'État*, a perpétré des crimes sans nombre ; une politique qui, dans le succès, dans les encensements impurs, a été lèse-justice, lèse-humanité !

Il y a eu la politique des Césars de la vieille Rome, des Césars du moyen-âge, des Césars des temps modernes.

Il y a eu la fureur des démagogies, Némésis sanglantes cherchant, dans leur insanité, à faire l'œuvre de la solidarité humaine avec les audaces impies et les saturnales de la destruction !

Il y a eu les démences de l'absolutisme royal, depuis ces monarchies asiatiques devant lesquelles tout tremblait, jusqu'aux despotismes de l'Europe moderne pour lesquels, comme pour l'un d'entre eux, l'État et presque la nation, c'étaient eux !

Et que cette politique, qui s'est attaquée à l'autorité divine comme à la dignité humaine, ne nous dise point qu'elle a servi néanmoins les multitudes populaires.

Elle les a servies, surtout quand cela a pu aller à son ambition. Elles les a broyées, lorsqu'elle y a trouvé la revendication du droit et la résistance du devoir !

Propriété, famille, travail, liberté, villes incendiées, patries saccagées, nations ruinées, tout cela qu'était-il pour elle ?

Tout cela n'était rien !

Oui, cependant, Messieurs, cette politique de l'astuce ou de la violence a servi et servira quelques-uns.

Et ceci est un des signes qui, dans tous les temps, l'ont distinguée et la distingueront.

Elle n'a pas souci de la vérité ; elle s'inquiète peu du grand nombre. Mais forcément, elle en sert quelques-uns, si elle veut être servie par eux.

Et ceux-là, comment les sert-elle ?

Elle les sert dans le favoritisme, dans l'esprit exclusif qui a fait et fera toutes les injustes dominations, toutes les dilapidations de la fortune publique ! Elle les sert dans l'esprit malfaiteur qui a produit les criminelles exploitations de l'homme dans la longue nuit de l'humanité !

Voilà, Messieurs, un des principaux caractères de la politique semi-payenne.

Elle sert son égoïsme plutôt que les peuples. Elle sert quelques-uns au détriment de presque tous.

Et le vrai travail, qu'est-il pour elle ? Il est ce qui défraie son vain labeur ; il est ce qui paie son ignominie !

Sans doute, pourtant, Messieurs, — car nous ne devons pas être injustes même envers la politique qui l'a été souvent, — sans doute elle a respecté maintefois des principes de la vérité naturelle; car, sans cela, comment se serait-elle maintenue, même dans son désordre ?

Sans doute elle a eu ainsi son utilité relative pour les nations.

Elle y a, en quelque manière, sauvegardé plus ou moins un certain ordre matériel : et cela, soit par des moyens honnêtes, soit par de louches expédients.

Avec elle, les peuples n'ont pas été se perdre dans l'anarchie ; ils ont vécu précairement ; ils ont vécu au jour le jour.

Remercions-la de ce bienfait, la politique semi-payenne, elle qui a rempli le monde du bruit de sa fausse grandeur.

Ce bienfait, après tout, qu'a-t-il été ?

Il a été pour elle un moyen de règne ; il a été ce qui a permis à chacune de ses manifestations nouvelles de durer au moins quelques instants.

Mais, si nous nous disons ce que, au fond de l'âme se révélant par trop d'indices, cette politique a été : duplicité, machiavélisme, amour déréglé du pouvoir, amour effréné de domination ; si nous nous disons qu'elle a fait à tel ou tel degré, dans les peuples, la démoralisation systématique, la démoralisation comme instrument de règne, et qu'elle a ainsi jeté à pleines mains parmi eux le désordre moral, bien plus redoutable que l'autre ; si nous nous disons qu'ainsi, tout en défendant l'ébauche grossière de ce qui constitue l'ordre extérieur, elle a semé sans cesse les causes d'un désordre même matériel qui ne tarde point à paraître, alors nous avons un sourire amer pour ses bienfaits !

Alors, nous nous écrions :

Quel triste destin pour les peuples, quand le désordre des âmes et le désordre des gouvernements sévissent, nécessairement suivis du désordre économique, si poignant ici-bas pour le plus grand nombre, dans les nations !

Quelle fatalité sombre, quelle expérience lugubre, lorsque la violation du devoir imposé à la politique humaine, — *réaliser gouvernementalement l'indispensable justice*, — en est à compromettre sans cesse la vraie destinée des peuples et l'avenir social des travailleurs !

Vous avez pu voir, Messieurs, d'après cet aperçu, ce qu'ont été les tendances de la politique dans les divers âges de l'humanité, y compris le nôtre.

Au point de vue de l'ordre social, elles ont été *rationnelles et croyantes*, d'une part, *irrationnelles et payennes*, de l'autre.

Au point de vue du résultat économique qu'elles ont produit, elles ont été *favorables ou contraires au travail humain.*

Et c'est le composé hétérogène de ces deux tendances, qui a fait celle que nous voyons le plus souvent dans l'histoire, la tendance *semi-payenne,* ici selon l'ordre, là selon le désordre, tendance qui a méservi si fréquemment le travail humain, ou par une sentimentalité stérile, ou par des moyens à contre-sens du vrai.

Voilà les directions générales de la politique dans le passé, et voilà la double action qu'elles ont exercée sur le monde du travail.

Mais, dans l'un comme dans l'autre cas, dans le bien comme dans le mal, elles ont été un acheminement direct ou indirect vers une politique de plus de grandeur.

Dans la vertu comme dans le crime et dans le châtiment, ces tendances qu'ont-elles préparé ?

Elles ont préparé la politique de l'intégrale justice ; elles ont préparé le triomphe de la vraie démocratie !

II

La démocratie, voilà la politique qui doit être désormais, au degré supérieur, ministère d'équité pour les peuples ; voilà celle qui peut seule amener un fraternel avenir pour les travailleurs.

Mais qu'est-ce que la démocratie ?

C'est l'application politique des principes rationnels, comme des principes de l'Évangile.

Et cette déduction sociale de vérités plus élevées peut s'exprimer en ces quelques mots : vraie liberté et mutualité fraternitaire dans une juste association dirigée vers le bien de tous.

Telle sera la politique, non de l'empirisme, mais de la science.

Telle sera la démocratie, non celle des chimères, mais celle des grandes réalités.

Telle sera la démocratie chrétienne, non celle d'un paganisme nouveau.

Et ce sera la politique pour les travailleurs.

Car, Messieurs, n'est-ce pas le travail qui, avec l'union de l'homme à Dieu, doit faire le fond de la vie sociale ?

Ne sont-ce pas le travail intellectuel et le travail matériel qui ensemble sont la condition de l'existence normale des nations ?

C'est donc le travail sous ses aspects nombreux, c'est le travail avec ceux qui l'opèrent, que la politique désintéressée doit s'attacher constamment à servir.

La loi du travail, le monde antique dans ce qu'il a eu de payen la méconnaissait, la transgressait.

De là, les iniquités, les dominations, les servitudes que j'ai dû faire passer rapidement sous votre regard.

De là, la politique du vieux monde, la politique pour les oisifs, pour les privilégiés, pour les castes, pour les oligarchies, la politique des ravageurs de peuples et des insolentes autocraties.

Cette loi du travail, le monde nouveau, fils de l'Église, ce monde la connaît ; il la suit déjà, il tend à la suivre de plus en plus.

De là la politique nouvelle, la politique pour tous.

Cette politique saura qu'elle se doit aux multitudes; elle se dévouera à leur progrès religieux, moral, intellectuel, matériel.

Ah ! oui, elle servira les travailleurs, elle les secourra ; car elle aura en elle le sublime amour et des hommes, tous frères, et du Dieu Sauveur qui a travaillé !

Mais, si la politique moderne veut, comme elle le doit, se préoccuper de l'amélioration générale de l'existence des travailleurs, elle n'a pas seulement pour cela des vœux impuissants.

Elle a d'abord ou elle doit avoir l'esprit animateur de la véritable politique; elle a ou elle doit avoir la chose capitale, la vie, la forte vie intime, la vie de raison et de foi unies.

Elle a ensuite son organisme extérieur que rien ne saurait remplacer, et sans lequel l'esprit le plus actif de rénovation ne suffirait point.

Et cet organe, Messieurs, je ne puis pas vous le montrer ici dans son détail, vu les longs développements que cela demanderait.

Mais je puis et je dois vous dire sommairement quels sont, à l'époque sociale où nous entrons, les moyens organiques qu'a la démocratie chrétienne pour l'amélioration politique et économique des destinées de l'ensemble des travailleurs.

Ces moyens, en quoi se résument-ils? En ceci :

L'Association.

Je m'explique à ce sujet.

Dans le domaine de la politique proprement dite, l'Association, qu'est-ce, Messieurs?

C'est la participation effective de tous au fonctionnement de l'œuvre politique; c'est cette participation s'exerçant en chacun, sous des formes parfois identiques, parfois différentes, avec ces deux moyens d'ordre public : l'égalité en droit, la hiérarchie en fait.

C'est le Pouvoir politique n'étant plus la prétendue propriété d'un seul ou de quelques-uns, ou ne leur étant pas non plus dévolu sans contrôle.

C'est ce Pouvoir conféré par tout le peuple et sévèrement contrôlé par les mandataires du peuple.

L'Association, en cela, c'est donc tout ce qui doit résulter d'une manière normale, comme organisation politique, de ce principe déjà posé, déjà devenu une institution : le suffrage universel.

Dans le domaine particulièrement économique, mais qui est compris dans celui de la politique générale, l'Association, qu'est-ce, Messieurs?

Ce sont surtout ces Sociétés de production ou de distribution industrielles, qui ont directement pour but de mettre le plus possible le grand nombre des travailleurs en possession d'un capital ; qui cherchent efficacement à augmenter la production générale et à mettre le producteur dans le rapport le moins défectueux avec le consommateur, en rendant inutiles un bon nombre d'intermédiaires.

Ce sont ces Sociétés de rénovation économique qui se proposent d'assurer le mieux possible à chaque travailleur les bénéfices de son travail ; qui tendent à ce que le labeur industriel soit le fait de la plus exacte solidarité, et dans l'œuvre industrielle, et dans la répartition des profits résultant de cette œuvre.

Dans le domaine plus spécialement intellectuel, mais qui rentre aussi dans celui de la politique générale, l'Association, qu'est-ce, Messieurs ?

C'est l'instruction publique non plus sous le régime du privilége gouvernemental, mais sous celui de l'initiative populaire ; c'est l'instruction non plus sous la gestion plus ou moins tyrannique de l'Etat, mais à la disposition la plus équitable et de la famille et de l'individu ; c'est l'instruction, non plus pour quelques-uns, mais pour tous, par l'actif développement des écoles libres à tous les degrés d'enseignement, — écoles libres qui concourront à l'envi à élever le niveau des connaissances dans le monde des travailleurs.

L'Association dans la vraie liberté, que sera-ce enfin ?

Ce sera les peuples s'unissant dans les mêmes idées, dans les mêmes aspirations, par l'échange incessant, par la diffusion cosmopolite de tout ce qui doit faire la vie religieuse, scientifique, politique et économique des nations.

L'Association, ce sera la mutualité chrétienne tendant à opérer, parmi les hommes, parmi les peuples, la grande et libre fraternité !

Cette vraie liberté, cette mutualité généreuse, Messieurs, nous la servirons, je l'espère, vous qui tenez à la politique d'équité, moi qui, pour la défendre, suis heureux de vous demander vos suffrages.

La justice sociale, la justice dans l'Association, telle doit être la devise de la démocratie ; tel sera notre mot d'ordre à tous.

L'homme des champs, l'homme d'industrie, l'agriculteur, l'artisan, l'ouvrier, ils auront notre sollicitude en vue de cette grande justice, eux qui ont nos fraternels souhaits.

Ce sera notre ambition d'élever, d'anoblir de plus en plus leur existence à tous, dans l'intègre vérité.

Ce sera avec ardeur que nous consacrerons notre vie à défendre leurs intérêts contre le mensonge intellectuel ou social, contre l'oppression, contre les abus du pouvoir, contre les pressurations étouffantes de nos centralisations !

Ce sera avec élan de cœur que nous propagerons, que nous désirerons voir répandre parmi eux le bienfait de l'instruction, le bienfait de la coopération économique, le bienfait de l'action politique, en dehors des entraves ou des perversions malheureuses de ce qui est absolutiste, anarchique ou césarien !

Tous auront notre amour ; tous auront nos exhortations ; tous auront notre compatissance et nos encouragements les meilleurs.

Nous dirons à ce prolétaire, à ce délaissé, à ce travailleur obscur :

« Frère ! nous t'aimons, nous pensons à toi ! Ton épreuve est « pénible : garde la dignité du cœur ! La vie pour toi est rude : « garde la noblesse de l'âme ; garde la vertu civique ; garde la « grandeur du chrétien !

« Frère ! courage et espoir ! A toi nos labeurs dévoués ! Ton « sort s'améliorera : nous en attestons nos efforts aimants, tous « nos efforts unis !

« Tu grandiras en juste situation sociale, en grandissant en « vaillante énergie et en aimante fraternité ! »

Nous dirons à cet homme du modeste négoce, à cet homme de la petite industrie, nous dirons à ce laboureur courbé sous le poids du jour, nous leur dirons :

« Espérance et courage! Nous combattrons les injustices, les « anomalies, les impôts abusifs, les dévorantes fiscalités!

« Nous les combattrons, et comment?

« Dans l'amour et non dans la haine; dans la justice démocra- « tique et non dans l'illusion coupable de la démagogie! »

A tous nous dirons :

« Union chrétienne! union d'indépendance! union dans la « grande démocratie! Assez d'égoïsmes séparateurs; assez de « désaccords malheureux! Promettons tous, promettons de dé- « fendre, de défendre ensemble le progrès dans l'ordre et dans la « liberté! »

III

Tels sont, les moyens spéciaux à la politique qu'a la vraie démocratie moderne pour être l'auxiliaire des principes politiques en général et des travailleurs en particulier.

Tels sont les moyens que nous voulons préconiser.

Mais, Messieurs, il faut que notre action individuelle appuie l'action de ces moyens collectifs; car la politique la plus dévouée aux intérêts de tous ne peut ni ne doit agir seule pour notre amélioration sociale.

Elle nous demande d'agir, nous autant qu'elle. Elle ne peut même agir efficacement pour le bien, que dans la mesure où nous agirons.

Et en quoi consiste l'action politique qu'elle demande de nous?

Cette action consiste à seconder, de tous nos efforts, la réalisation pratique du programme de l'Association, ce programme qu'elle nous présente pour les choses de l'ordre politique étroitement délimité, comme pour celles qui rentrent dans le domaine de la politique générale.

Dans la sphère de la politique proprement dite, l'action qui doit désormais être la nôtre consiste initialement et je dirai presque essentiellement en ceci (je le recommande à votre attention);

Avoir l'esprit politique, et agir en conséquence.

Avoir l'esprit politique, qu'est-ce donc ?

Qu'est-ce, Messieurs ?

C'est ne pas s'occuper uniquement de son industrie, de sa profession, de son commerce, de ses plaisirs, de son gain particulier.

C'est s'intéresser à la chose publique, et c'est s'en occuper dans une pensée d'ordre public.

Avoir l'esprit politique, qu'est-ce, Messieurs ?

C'est ne pas préférer ce qui est secondaire à ce qui est principal ; c'est être convaincu que les grands intérêts de la vérité, de la patrie, du progrès social doivent primer des intérêts moindres.

C'est devant un devoir politique, devant une élection, je suppose, ne pas se dire égoïstement : « Qu'est-ce que cela me fait ? Qu'y gagnerai-je ? »

Qu'est-ce que vous gagnerez à ce que le vrai l'emporte sur le faux, ou seulement à ce qu'un bien plus grand s'opère plutôt qu'un bien douteux, insignifiant peut-être ?

Vous y gagnerez d'être des hommes et non pas des machines ; vous y gagnerez d'être les défenseurs du droit et non les instruments et toujours les dupes du bon plaisir gouvernemental ou de l'illusion politique !

Vous n'y gagnerez pas de l'argent, c'est vrai, — directement au moins, et peut-être d'aucune manière, et peut-être jamais.

Mais vous y gagnerez ce qui vaut mille fois plus pour des hommes de cœur : la conscience d'avoir rempli votre devoir !

Vous y gagnerez des biens de l'ordre intellectuel, sans lesquels — sachez-le — les biens matériels seront toujours indigemment acquis et misérablement possédés !

Vous y gagnerez l'honneur pour vous et la liberté pour votre pays !

Ayons donc, Messieurs, ayons profondément l'esprit politique ; ayons-le en dehors des étroites influences ; ayons-le en dehors et au-dessus de l'esprit de parti.

Avec le véritable esprit politique, nous ne pactiserons avec aucune des lâchetés, aucune des duplicités contemporaines !

Avec cet esprit, nous défendrons la chose publique, comme si nos intérêts personnels étaient là directement en jeu, et nous aimerons à voir défendre tout ce qui tend au progrès général.

Avec cet esprit, nous nous servirons, avec l'énergie du citoyen, du vote universel, de ce moyen de transformation sociale, que la loi nous a confié à tous.

Si nous l'avons, l'esprit politique, quand nous serons appelés à une élection municipale, à une élection touchant seulement à l'intérêt local, nous n'écouterons ni les coteries, ni les ambitions personnelles, ni les mesquines rivalités à servir. Nous voterons, en songeant à ce qui appuiera le mieux, à ce qui appuiera dignement les intérêts de notre localité.

Si nous l'avons, l'esprit politique, quand nous serons convoqués dans nos comices pour des élections d'une portée plus haute, pour choisir les membres de la Représentation nationale, nous nous dirons ceci :

Qu'est-ce qu'un député? C'est un mandataire du peuple, pour contrôler la gestion politique générale. S'il n'est pas cela, il n'est qu'un rouage inutile, il n'est qu'une anomalie dispendieuse que les despotismes peuvent supprimer !

Mais si le député n'est qu'à cette fin indispensable à remplir chez un peuple libre ; s'il n'est qu'à cette fin d'exercer un contrôle juste, et de l'exercer rigoureusement, qu'est-ce qui doit l'élire, ce député ? qu'est-ce qui doit le nommer avec la plus entière liberté ?

Est-ce le Pouvoir politique? Est-ce le contrôlé ?

Le contrôlé choisir son contrôleur ? Mais c'est une dérision !

Non, ce n'est pas au Pouvoir politique à le choisir, ce représentant chargé du contrôle national. Et ce n'est pas à lui, non plus, à le faire élire à son gré, sous une pression désordonnée.

Une pression de ce genre, quand elle s'exercera, que fera-t-elle ?

Que fera-t-elle, Messieurs ? Inévitablement ceci.

D'une part, elle rendra suspecte l'administration politique voulant avoir des contrôleurs à son choix plutôt qu'au choix libre de la nation.

D'autre part, elle rendra ce contrôle impossible souvent à ceux qui auront mandat de l'exercer, et qui voudront s'en acquitter dans ce qu'il a d'impérieux et de légitime.

Pour que le mandataire de la nation puisse normalement et pleinement exercer le contrôle qui est sa mission, que faut-il? Il faut qu'il dépende non du gouvernement ni des partis, mais de la vérité.

Il faut qu'il soit redevable au Pouvoir non de ses faveurs, — pas le moins du monde, — mais de la seule justice, de la justice respectée notamment à son égard par une sincère et loyale neutralité, au moment de la lutte électorale.

Il faut, en un mot, qu'il s'appartienne, pour qu'il soit l'incorruptible défenseur du droit, le ferme défenseur de son pays!

Il faut qu'il ait cette indépendance de l'âme qui permet de ne point faiblir dans l'accomplissement d'une tâche ayant ses difficultés et ses périls!

Cette indépendance, nous l'aurons, s'il plaît à Dieu, nous qui réclamons vos suffrages pour servir les plus nobles libertés.

Nous l'aurons. Et, avec elle, nous sentirons palpiter en nous le fier amour des droits populaires, — oui, cet amour qui abhorre l'autocratie, cet amour qui déteste l'absolutisme, cet amour qui repousse les accaparements libérâtres ou césariens; cet amour qui repousse aussi, qui repousse au nom de la démocratie, les faux expédients du socialisme et les hontes de la démagogie!

Et, dans cet amour, qu'apporterons-nous à l'examen de la gestion des choses politiques?

Apporterons-nous l'approbation *quand même* et l'adhésion systématique aux actes du Pouvoir?

Apporterons-nous l'obséquiosité servile et l'acceptation bénévole de tout fait accompli?

Apporterons-nous le mutisme habituel des députés de maint département, ce silence que rien ne peut rompre et que l'on ne peut pas nommer éloquent?

Nous apporterons la parole ardente de la pensée chrétienne et de l'élan démocratique!

Nous apporterons l'expression vivante, l'expression sincère d'une conviction forte, d'un zèle enthousiaste de l'équité, d'un cœur tout dévoué à son pays!

C'est avec cette indépendance que nous avons le devoir de nommer les Représentants de la nation.

Eh bien! si nous avons ce devoir, il faut nous en acquitter en conscience; il ne faut point l'enfreindre par une complaisance déplorable ou par une indigne pusillanimité!

Devant ce devoir, nous n'avons que faire de l'ingérance électorale du Pouvoir politique, voulût-elle s'exercer parmi nous.

Chacun de nous, à ce sujet, n'a qu'à répondre aux agents du Pouvoir :

« Restez dans votre rôle, je suis dans le mien !

« Quand il s'agit de choisir un membre de l'administration pu-
« blique, le Pouvoir nomme qui il veut. Il ne vient pas me con-
« sulter : il fait bien.

« A mon tour, puisqu'il s'agit d'élire nn contrôleur du Pouvoir
« lui-même, je n'ai absolument que faire de l'immixtion du gou-
« vernement dans les votes de la nation !

« Je respecte les lois : cela suffit. Lui, il n'a rien à voir dans
« mon choix.

« Je n'ai pas à m'inspirer de son désir. Je n'ai pas à déférer à
« ses moyens d'intimidation. Je n'ai qu'à voir ce que réclament
« les intérêts de la vérité et les intérêts de mon pays !

« J'ai une obligation à remplir : je la remplirai ! »

Voilà le langage de tout vrai citoyen.

. . .

Oui, Messieurs, devant le droit que le suffrage universel nous confère, devant ce droit qui, pour chacun, devient immédiatement un devoir, — car, de la manière dont on l'exerce, dépendent, qu'on le veuille ou non, dépendent ni plus ni moins les destinées de la patrie, — devant ce droit, nous ne sommes moralement pas libres de suivre, dans une élection, le caprice, la fantaisie, les aveugles condescendances, les chétifs calculs d'ambition de gouvernants ou de gouvernés ! Nous ne sommes moralement pas libres d'y agir d'après des considérations déréglées de position, de fortune, que sais-je? en tant que nous les jugerons contraires à la justice et au bien public !

Tout cela nous est possible, oui ! mais tout cela, la morale nous l'interdit, la morale politique nous le défend !

Et si nous n'apportons pas cette morale, avec délicatesse, avec probité, dans l'exercice de nos devoirs civiques aussi importants que celui-là, la politique sera toujours, plus ou moins, un coupable jeu! Toujours elle sera le triomphe impur de l'intrigue ou de la force! Toujours elle portera avec elle le ferment des haines sociales.

Elle n'aura jamais qu'un ordre trompeur, qu'un ordre éphémère, où des triomphes d'un jour auront pour lendemain la défaite, où les habiletés malsaines auront pour châtiment les révolutions!

Et, Messieurs, avons-nous bien pensé à la responsabilité redoutable que nous crée notre devoir électoral?

Nous sommes-nous dit jamais que, dans la manière dont alors nous le remplissons, s'agite le sort des idées de civilisation progressive que la France a mission de défendre, dont elle doit être le soldat?

Avons-nous songé qu'alors il y va non de petites questions accessoires, mais de ce qu'il y a politiquement de vital pour notre pays?

Ah! si nous y pensons, si nous nous disons cela sérieusement, comme nous devons nous le dire, nous n'irons pas, à la légère, sacrifier à l'aberration ou à l'arbitraire gouvernemental tant d'intérêts qui nous sont chers!

Si nous y pensons, les mobiles inférieurs, les moyens d'influence déréglée ne pourront rien sur nous!

Nous n'aurons là qu'un but, qu'un désir, qu'une ambition : servir la vérité et la patrie! Et nous serons ainsi les défenseurs du progrès politique dans la justice et la vraie liberté!

Donc, Messieurs, dans les élections où de grandes causes sont intéressées, de qui prendrons-nous conseil?

Nous prendrons conseil de notre conscience interrogée attentivement et devant Dieu.

Nous prendrons conseil de ceux qui ont notre confiance la plus sincère, de ceux que nous jugeons vouloir, avec le plus d'intelligence et de cœur, vouloir pour notre France la meilleure situation nationale et la grandeur de l'avenir social, par une politique chrétienne et populaire et dans le contrôle démocratique de la chose publique!

C'est là ce que doit faire chacun de nous.

Agir autrement, qu'est-ce donc?

C'est ignorer ou trahir son devoir ! c'est se payer d'illusions malheureuses, ou c'est forfaire à son pays !

Telle est, Messieurs, l'action que la vraie démocratie moderne demande de nous, dans l'ordre purement politique.

Et, dans la sphère des choses économiques, que nous demande-t-elle ?

Elle nous demande surtout d'appuyer, de notre activité, le mouvement coopératif qui commence, dans tout l'univers civilisé, à organiser l'association, — l'association pour produire industriellement et pour distribuer le mieux les produits obtenus.

Comme je le disais, l'an dernier, à Privas, aucune de nos importantes villes commerciales ou manufacturières, la vôtre notamment, Messieurs, ne devrait pas être au moins sans une société coopérative de consommation ; et votre ville, ainsi que plusieurs autres de notre département, pourrait avoir utilement aussi une association de crédit mutuel : deux institutions qui l'une et l'autre frayeraient la voie à des sociétés de production.

Enfin, dans le domaine des choses plus spécialement intellectuelles, à quoi nous sollicite la politique pour tous ?

Elle nous engage, entre autres devoirs à remplir — (car je ne puis pas rappeler ici toutes nos obligations, même principales, à ce sujet) — elle nous engage à ne rien négliger pour notre instruction solide et convenable et pour celle de tous les nôtres. Elle nous dit d'appeler, d'acquérir tous, dans la juste mesure, les connaissances chrétiennes et rationnelles qui nous apprendront avec certitude tous nos devoirs et tous nos droits.

Voilà, Messieurs, la triple action par laquelle nous devons seconder le progrès politique compris dans son ensemble imposant.

Et cette action que produira-t-elle parmi nous ?

Comme résultat individuel, elle augmentera en chacun, avec le désir des bienfaisantes initiatives, l'étendue et l'intensité de son action utile.

Comme résultat général, elle normalisera l'organisation politique qui doit avoir la plus active influence pour l'émancipation des travailleurs. Elle développera la démocratie et l'établira forte et pure parmi nous.

Notre démocratie, dégageons-là de ses défectuosités contemporaines ; comprenons-la et pratiquons-la dans le sens rationnel et chrétien.

Mettons à profit désormais, de plus en plus, les moyens organiques qu'elle nous présente.

Elle nous met en main le suffrage universel : servons-nous en avec intelligence et avec sévère probité.

Elle nous propose l'association économique sous ses aspects divers.

Attachons-nous à ces associations et multiplions-les.

Elle nous recommande tous les excellents moyens d'instruction que nous offrent le zèle de la science, le zèle de la foi.

Prenons-les ; et, pour cela comme pour bien d'autres choses réglementées abusivement, réclamons la vraie, la juste liberté.

Oui, Messieurs, acceptons, que dis-je? accueillons avec empressement, avec reconnaissance à Dieu les moyens légitimes par lesquels la démocratie moderne combattra et diminuera de plus en plus le privilége de l'instruction, le privilége de la richesse et le privilége de l'action politique. Préconisons, répandons ces moyens par lesquels la vraie démocratie combattra ce triple privilége, non dans ce qu'il a de naturel, mais dans ce qu'il a d'arbitraire ; par lesquels elle le combattra, de la seule manière qu'il faille le combattre, dans ce qu'il a d'anormal : sans injustice, sans violence, avec l'arme pacifique du droit et sur le terrain de la grande équité.

Employons tous ces moyens ; employons-les avec énergie, avec persistance, avec droiture, avec confiance en Dieu ; et ne doutons pas qu'ils ne soient efficaces pour l'avancement social de l'humanité.

Non, ce ne sera pas en vain qu'aura soufflé sur notre monde l'esprit chrétien dans les choses politiques !

Ce ne sera pas en vain que l'idéal de la démocratie se sera levé dans la pensée moderne !

Ce ne sera pas en vain que l'appel de la fraternité humaine se sera fait entendre de partout !

Le droit politique de tous est posé au milieu de nous. Il portera ses fruits heureux.

L'association est entrée dans les rapports du travail humain. Elle en chassera les priviléges ; elle y combattra les désunions !

L'instruction populaire est devenue de toute part un prosélytisme ardent. Elle sera de plus en plus l'auxiliaire de la complète vérité ; de plus en plus elle sera un indispensable, un bienfaisant moyen de la vraie civilisation !

Et cela qu'inaugurera-t-il ?

Cela inaugurera la grande politique, la seule qui puisse opérer désormais le bien social, la seule qui réponde aux nobles aspirations du présent et aux destinées de l'avenir !

C'est là, Messieurs, ce que nous défendrons. Nous serons les zélateurs du droit et de la juste indépendance populaire ! Nous tiendrons le drapeau de la vraie liberté démocratique. Nous le porterons, ce drapeau frémissant, dominant la mêlée de notre époque ! Nous appellerons à lui ceux qui appellent la justice, ceux qui appellent l'union des âmes comme l'union des peuples, ceux qui appellent de leurs vœux ardents le monde de la fraternité !

Quel est notre drapeau ? Le voilà ! C'est celui du droit social des peuples, celui de la démocratie chrétienne, celui de la liberté dans la justice, celui de la politique pour les travailleurs !

LA

CONSOMMATION GÉNÉRALE

EN FRANCE

Dans l'ordre politique et économique.

I

LA

CONSOMMATION GÉNÉRALE

EN FRANCE

Dans l'ordre politique et économique.

I

DISCOURS

PRONONCÉ A AUBENAS LE 25 AVRIL 1869.

MESSIEURS,

Qui de vous ne s'est dit :

« La dépense publique ou privée, la dépense générale est trop grande.

« Où allons-nous dans cette voie ?

« Est-ce au progrès ? Est-ce à la décadence ?

« Est-ce à l'indépendance économique de la multitude des travailleurs ? Est-ce à l'asservissement du grand nombre, dans une prospérité menteuse, en face d'un luxe délirant, sous une écrasante fiscalité ? »

Oui, ce cri a été le vôtre ; c'est celui de la France.

Est-il juste ? Nous allons le voir.

Qu'en est-il, à cette heure, parmi nous, de la consommation générale, dans les faits politiques et sociaux ? C'est ce que nous allons examiner.

Messieurs, je ne pourrai traiter ici qu'une faible partie de ce sujet. Vous ne trouverez point mauvais si, devant tant de choses à dire à cet égard, je dois me contenter aujourd'hui d'en dire seulement quelques mots.

C'est dans le désir de ce qui doit élever notre intelligence et notre cœur vers cette justice que je souhaite pouvoir servir comme votre mandataire à tous, c'est dans la sollicitude de l'impartiale équité, que nous allons envisager la question que je viens de poser :

Qu'en est-il, chez nous, en ce moment, de la consommation générale ?

Messieurs, la consommation générale d'un peuple, dans l'ensemble de faits qui nous occupe, de quoi se compose-t-elle ?

Elle se compose d'abord de la dépense collective que doit faire ce peuple pour assurer constamment chez lui l'ordre politique et pour sauvegarder, contre toute agression du dehors, son territoire, son influence, sa liberté, sa vie.

Et cette partie de la consommation générale de ce peuple s'appelle la consommation publique.

Elle se compose ensuite de la somme des dépenses particulières qui ont lieu dans cette nation.

Et cette partie de la consommation générale, nous l'appelons la consommation privée.

Ainsi, dépenses particulières et dépenses publiques, voilà ce qui, ajouté ensemble, fait la consommation générale.

Les dépenses particulières, chez un peuple fier de sa civilisation et aimant la vraie liberté, à quoi doivent-elles être employées ?

A quoi ? A ce qui est juste, à ce qui est moral, à ce qui est utile, à ce qui est récréatif dans l'ordre et dans la vérité.

Et les dépenses publiques, les dépenses concernant l'Etat, à quoi doivent-elles être affectées ?

A deux choses.

Elles doivent être employées d'abord à faire respecter de tous, dans la nation, la rigoureuse équité, et à la faire respecter par les autres peuples, à l'égard de cette nation.

Elles doivent être consacrées ensuite à servir, comme il convient, le progrès social, à le servir, tantôt d'une manière directe et tantôt d'une manière indirecte.

Ce n'est pas, en effet, Messieurs, la seule initiative du Pouvoir public qui doit réaliser directement le progrès politique ; c'est aussi votre initiative à vous, travailleurs, à vous, hommes d'industrie, à vous, hommes de négoce, à vous, pères de famille, à vous tous, généreux citoyens.

Que dis-je ? Est-ce l'Etat qui doit opérer le plus souvent le progrès social ?

Non, ce n'est pas l'Etat, c'est nous tous ensemble ; c'est l'énergie civique, c'est le travail actif, c'est la noble droiture, c'est la fière indépendance de l'homme et du chrétien !

Vous qui êtes ici, hommes de labeur utile, quel qu'il soit, quand vous êtes penchés sur votre enclume, sur votre métier, sur votre charrue, sur votre comptoir, sur vos livres, sur vos instruments de travail, chacun de vous, dans sa faiblesse, peut se dire, s'il est homme de cœur :

« Je travaille pour Dieu ; je travaille pour le progrès des peuples ; je travaille pour l'humanité !

« Je travaille pour l'affranchissement du grand nombre dans la justice de la démocratie ! Je travaille pour la fraternité enthousiasmante du grand, du sublime, du magique avenir !

« Je travaille pour que de mon labeur sorte non exclusivement un gain matériel, mais la vraie dignité des âmes et l'harmonie chrétienne des cœurs ! »

Ainsi, vous tous, membres de cette grande famille qui constitue un peuple, vous devez à votre manière y réaliser directement le progrès social.

Le rôle du Pouvoir public consiste, dans la plupart des cas, plutôt à provoquer et souvent même à ne pas entraver le mouvement général qu'à l'effectuer.

Oui, Messieurs, plus un peuple est avancé en civilisation, plus chez lui les efforts réalisés en dehors du mécanisme gouvernemental tendent à suffire pour opérer le progrès sous ses aspects divers ; moins ce peuple a besoin que l'Etat cherche à diriger ce progrès.

Quand un peuple est majeur, il peut, il doit dire au Pouvoir :

« J'entends faire moi-même mes destinées ; j'entends régler la consommation publique et contrôler la politique qui me concerne.

« Vous avez, vous, Pouvoir public, votre mission: faire respecter la justice. De cette mission, n'en sortez pas. Ne venez pas vous ingérer en tout, vous imposer en tout! Ne venez pas tout étouffer, sous prétexte de tout diriger! Ne venez pas tout écraser, sous prétexte de tout servir!

« Ne venez pas vous ériger en pouvoir sauveur d'une nation assez forte, assez puissante pour sauver son présent et son avenir!

« Ne venez pas mettre vos décrets en tout, vos réglementations en tout, votre autorisation en tout!

« De par l'Etat, vous viendrez aussi autoriser mon droit au soleil, mon droit à la lumière, mon droit à la vie! Et cela s'appellera la liberté!

« C'est la liberté qu'ont à donner les césarismes ou les démagogies, prétendant apporter l'ordre aux nations qu'ils ont prises d'assaut, qu'ils foulent, qu'ils piétinent, et dont ils sont les insolents vainqueurs! »

Voilà le langage d'un peuple qui est dans sa virilité.

Eh bien, Messieurs, nous sommes, je l'espère, un peuple majeur; après quinze siècles, serait-ce trop tôt?

Nous ne voulons pas indéfiniment des tutelles abusives d'accaparements politiques trop onéreux!

Nous nous demandons : un peuple majeur, un peuple libre, qu'est-il, quant à ce qui touche à sa consommation générale, comme à tout ce qui doit faire sa vie?

Et à cette question, nous devons nous répondre:

Un peuple, c'est une Association! C'est une Association qui doit avoir pour gérant un mandataire choisi par tous, et qui doit avoir d'autres mandataires, élus par tous aussi, pour contrôleurs de la gestion sociale et de la consommation publique.

Or, s'il en est ainsi, voyez donc une Association.

A quoi doit-elle viser d'abord?

A assurer chez elle l'ordre dans l'exacte justice, et en même temps à faire indirectement qu'ils aient le nécessaire, tous ceux qui constituent l'ensemble de cette Association.

Quand elle verra chez tous ses membres le nécessaire et au delà, alors elle pourra songer à affecter à des choses moins urgentes ce qu'elle aura de superflu.

Avant cela, que seraient des consommations publiques exagérées en ce qui n'est rien moins qu'indispensable ?

Ce serait de l'imprudence ; ce serait presque de la folie !

Mais, qui est-ce qui assurera le nécessaire aux membres de cette Association ?

Est-ce le gérant ? Assurément non ; pas plus que ce n'est l'Etat, — comme le veulent quelques rêveurs du socialisme — qui doit assurer le nécessaire à chacun des membres d'une nation.

Ce qui doit donner le nécessaire à tous les membres de cette Association, c'est l'activité humaine s'appliquant à des choses utiles, au point de vue intellectuel ou matériel.

C'est d'abord la culture croyante et rationnelle de l'esprit et du cœur : oui, croyante et rationnelle ; et de ces deux mots, pas un n'est de trop, car « l'homme ne vit pas seulement de pain (1). »

C'est, en même temps, l'industrie sous telle ou telle de ses formes, l'industrie agricole, manufacturière ou commerciale, selon que cette association s'occupera de l'un ou de l'autre ou de plusieurs ensemble de ces divers travaux industriels.

Quand cette Association aura ainsi, pour les membres qui la composent, les choses principales à avoir, alors elle pourra faire des dépenses d'un caractère facultatif.

Si cette Association agit en cela comme elle le doit, elle marchera dans la voie du progrès.

Mais si elle agit autrement, si elle s'adonne à la consommation vaine et improductive, si son gérant use et abuse de sa gestion, si le contrôle en est nul ou s'il en est insuffisant, qu'est-ce qui attend cette Association ? C'est la ruine, ni plus ni moins.

Certes, Messieurs, devant ce que peut devenir sa consommation générale, surtout par le fait des dépenses publiques, devant cela, — sans parler ici d'autres choses, — est-il capital, pour cette Association, d'avoir une gestion rigide dans l'accomplissement de son devoir, intelligente du bien général et passionnée pour lui ?

Et, comme l'homme est sujet à errer, le gérant d'une Association comme un autre, est-il nécessaire qu'il y ait à sa gestion un contrôle équitable et rigoureux ?

(1) Matth. IV. 4.

Sans cela, que fera cette Association ? Elle gaspillera son présent; elle compromettra, elle perdra son avenir !

Messieurs, cette Association dont je viens de parler, ce sont les peuples libres !

Voilà l'image de ce que doit être une nation sur qui a lui le soleil de l'Evangile, sur qui ce soleil vivifiant n'a pas brillé en vain !

Voilà l'indication de ce qu'il y a de dangereux, d'immoral pour un peuple, pour les gouvernants et pour les gouvernés, à se livrer à des consommations déréglées, soit privées soit publiques, quand l'indigence est là qui souffre, quand là des hommes meurent de faim !

Et voilà aussi l'indication précise de ce que doivent être chez ce peuple la consommation générale et notamment la dépense publique.

D'abord, — redisons-le, — il doit affecter ce qu'il faut pour faire respecter chez lui la stricte justice et pour la faire respecter à son égard par les nations voisines.

Ce peuple doit ainsi faire la dépense convenable pour assurer l'ordre.

La dépense pour assurer l'ordre ? C'est fort bien. Mais il y a plusieurs manières de l'entendre, cette dépense qui va assurer l'ordre.

On peut l'entendre dans l'économie; on peut l'entendre dans la prodigalité.

On peut l'entendre selon le vrai ; on peut l'entendre dans le faux.

On peut chercher à défendre un ordre plus ou moins égoïsme, un ordre plus ou moins désordre, où des intérêts futiles ou malfaiteurs seront avidement servis, où l'intérêt public sera indignement sacrifié.

On peut — soi-disant pour sauvegarder les intérêts nationaux, — créer ou maintenir des situations anomaliques de favoritisme, de privilége, de dynasties, où l'ambition coupable pourra avoir sa large part, et où la justice politique sera souvent plus en paroles qu'en réalité.

C'est à la nation à décider par l'organe de ses mandataires, c'est à elle à décider, avec prudence mais sans pusillanimité, ce qui est nécessaire pour établir l'ordre et ce qui est de trop.

C'est à elle à voir ce qui importe essentiellement à la grandeur nationale, et ce qui sert de masque à des exploitations habiles, à des prétentions que repoussent la liberté moderne et la véritable démocratie !

Voilà donc toute une catégorie de légitimes consommations publiques chez un peuple. Elle comprend les dépenses collectives indispensables pour y servir les grands intérêts qui regardent directement l'État, et pour y maintenir l'équité dans les rapports nationaux et internationaux.

A cette catégorie se rapporte tout ce qui concerne la rémunération du Pouvoir et de l'administration générale, le service de la justice, des finances, des travaux publics et de la force armée établie par les moyens les meilleurs et dans la mesure où il la faut, mesure variable d'ailleurs selon le temps et les circonstances.

Or, Messieurs, rémunération du Pouvoir, service de l'administration générale, dépenses exigées pour la sécurité des citoyens ou de la nation, tout cela dit autant de questions importantes, dans l'examen spécial desquelles nous ne pouvons entrer ici.

Remarquons toutefois que ce ne sont pas des traitements, — comme on en voit chez nous, à cette heure, — de deux cent ou trois cent mille francs, à des dévoués de dynastie ; que ce ne sont pas des dotations de trente ou quarante mille francs, à des veuves de fonctionnaires, qui y rendront irréprochable la dépense publique.

Nous dirons donc sommairement :

La solution de ces questions, où est-elle, au point de vue de la stabilité financière, comme au point de vue de l'ordre moral et politique ? Elle est entre le trop et le trop peu.

Eviter l'excès à droite et l'excès à gauche ; garder le milieu, non « le juste milieu » égoïste de la politique doctrinaire mais le milieu supérieur qu'indique la science, que prescrit la raison, voilà le vrai, en ceci comme en tout.

Et, Messieurs, laissez-moi le dire : est-ce ce que nous faisons le plus souvent ?

Le plus souvent, ce que nous savons faire, c'est de nous tirer d'une ornière pour nous effondrer dans une autre; c'est, après avoir versé dans un des fossés de la route, de verser aussitôt dans l'autre fossé.

Quand donc suivrons-nous, en politique, simplement le milieu du chemin.? Cela paraît si facile, c'est si rationnel; et cela n'a pourtant presque jamais lieu!

En suivant ce milieu, que trouverons-nous?

La vérité; la vérité qui peut seule apporter l'exacte solution du problème de la consommation publique.

Et cette vérité, qu'est-elle? C'est la justice.

Et le désordre qu'en cela la raison réprouve, que la civilisation chrétienne condamne, et que nos bourses ont à payer, quel est-il?

C'est le gouvernementalisme surtout.

Le gouvernementalisme, qui joue parmi nous un si grand rôle dans le déréglement de la consommation générale, le gouvernementalisme qu'est-ce donc?

C'est, de la part des Pouvoirs publics, la prétention à gouverner en tout, l'obstination à gouverner sur tout.

C'est le *trop gouverner* érigé savamment en système et devenu un fait permanent.

Et c'est là une des calamités de notre France, depuis bien des régimes, oui, déjà depuis trop longtemps.

Le gouvernementalisme, c'est le droit de tous et de chacun mis arbitrairement en charte privée; c'est le mouvement libre entravé inutilement; c'est l'initiative individuelle tenue en suspicion; c'est la démocratie, honteuse servitude un jour, pour être le lendemain révolution!

Le gouvernementalisme, c'est le capital et le revenu traqués légalement, traqués de partout; c'est la fortune nationale atteinte de partout; c'est la consommation publique montant toujours; c'est l'impôt toujours s'accroissant!

Le gouvernementalisme, c'est l'excès des dépenses du Pouvoir provoquant l'excès des dépenses ailleurs, et creusant ainsi l'abîme où s'engouffrent les nations, où disparaissent leurs finances comme leur liberté!

Ne répudierons-nous pas ce legs odieux de l'ancien régime? Ne repousserons-nous pas ce reste impur de la politique du passé?

Ne renfermerons-nous pas dans ses limites cette centralisation débordante, pour qui l'Etat est tout, pour qui l'homme privé n'est rien?

Ne la verrons-nous pas s'enfuir là où déjà ont fui tant d'erreurs politiques malfaisantes, non la centralisation rationnelle qu'ici même nous croyons défendre, mais la centralisation césarienne qu'il faut chasser du monde social?

Cette centralisation, c'est celle des vieux despotismes. Elle fausse l'esprit politique; elle déprave la pensée et la vie populaires; elle fait des nations, des peuples de machines; elle étouffe les réclamations de la justice sous la clameur formidable d'une inique *raison d'Etat!*

Le gouvernementalisme! c'est contre lui que doit se faire la conjuration de tout ce qui a l'âme du citoyen!

C'est ce que nous devons jurer de combattre! Le vaincre, c'est le *delenda Carthago* pour tout ami de la liberté!

Ramener dans ses justes limites l'action du Pouvoir public, qui depuis longtemps a franchi la sphère normale de ses attributions, c'est ce qui appelle urgemment nos efforts, tous nos efforts unis!

Et certes, Messieurs, dites-vous le bien, le gouvernementalisme n'est pas seulement un désordre qui pervertit, qui dégrade les peuples, — considération qui, avant toute autre, doit nous le faire prendre en aversion.

C'est un désordre qui coûte cher, et qui, accroissant toujours les consommations publiques, tend non moins constamment à tarir la seule source qui alimente ces dépenses, c'est-à-dire le capital national.

C'est un désordre qui grossit à la fois toute la consommation générale, les dépenses particulières et celles de l'Etat.

C'est un désordre capable de tout ruiner dans un peuple: la prudence, l'honneur, le patriotisme, la liberté!

C'est un désordre qui mène fatalement les nations d'impôts en impôts, de déficits en déficits, de servitude en servitude, d'abaissement en abaissement!

C'est un désordre qui peut les conduire des hontes du despotisme à celles de la barbarie!

Le gouvernementalisme veut multiplier ses créatures. Peuples, payez !

Il veut soutenir, il veut grandir sa popularité. Payez !

Il veut le gouvernement personnel le plus grand et le contrôle national le plus petit. Payez !

Il lui faut la courtisanerie, le militarisme, les nations embrigadées; il veut la puissance, il veut la gloire, il veut l'encens des peuples. Peuples, payez sans cesse !

Il faut des satellites sans nombre à ce centre d'action désordonnée ; il faut des instruments à ce pouvoir maître ; il faut des moyens, il faut des hommes à cet amour de domination.

Et pour tout cela, impôts sur impôts ! Peuples, payez, payez toujours !

Voyez donc où en était venue la centralisation gréco-romaine, au quatrième siècle.

L'impôt atteignait tout ; l'impôt épuisait tout. L'impôt appauvrissait le riche ; l'impôt mettait à nu le pauvre. L'impôt désolait l'homme de la curie ; l'impôt faisait fuir le colon affamé ; il le jetait loin de la patrie ; il lui faisait préférer les forêts de la Germanie à la fiscalité impitoyable, aux vexations sans nombre de ce despotisme insensé !

Et c'est là plus ou moins l'histoire de tous les gouvernementalismes pressurants ! C'est l'histoire de toutes les centralisations démesurées ! C'est l'histoire de tous les bas-empires !

Grâce à Dieu, Messieurs, nous sommes encore loin de là. Mais pouvons-nous dire qu'il n'y a pas, en ce moment, dans notre pays, des tendances marquées vers ces déplorables excès ?

Pouvons-nous dire que le gouvernementalisme est absent de chez nous ; que la centralisation n'y est pas trop grande ; que gouvernementalisme et centralisation ne s'y traduisent pas en dépenses publiques qui vont s'exagérant toujours ?

Pouvons-nous dire qu'en France la consommation publique, représentée et payée par l'impôt, n'est pas dans un rapport excessif avec le revenu national ?

Quoi ! le revenu mobilier et immobilier de la France est d'environ douze milliards ; et ce serait une consommation normale, celle qui sur cela prélèverait, pour l'ordre et la sécurité du pays, deux milliards cinq cents millions !

Ce serait chose régulière que l'impôt prît, comme il le fait parmi nous, le cinquième et plus du revenu national !

Ce serait normal qu'en quinze ans un peuple, qui n'a pas eu à lutter pour la défense de son territoire, ait vu augmenter de deux cent soixante millions la somme des intérêts annuels que chez lui l'Etat doit payer ; qu'il ait vu, en ce laps de temps, l'Etat se procurer, en addition aux produits annuels de contributions exorbitantes, quatre milliards trois cent vingt millions !

Il y a là excès. Qui en accusons-nous ?

Le gouvernementalisme, lui que nous repoussons au nom des principes sociaux, lui qu'il nous faut combattre au nom du salut public !

Que sommes-nous donc, en ce moment, nous, peuple de France ?

Nous sommes cette association dont je parlais tout à l'heure, — oui, mais une association où la gestion sociale est devenue coûteuse effrayamment.

Et pourquoi dépense-t-elle tant, cette gestion sociale ?

Pourquoi ? parce qu'elle veut s'ingérer en tout.

Pourquoi ? parce qu'elle manque de la normalité nécessaire et du contrôle rigoureux qu'il faut qu'elle ait absolument.

Certes, une association purement économique courrait bientôt de graves périls, si un contrôle exact ne venait souvent ramener l'administration sociétaire à la véritable mesure.

Elle serait bientôt à bout, si elle laissait cette administration étendre à son gré la sphère d'action du pouvoir social et accroître ainsi désordonnément la dépense publique.

Et une association politique comme la nôtre échapperait à cette loi qui veut que toutes les sociétés humaines de l'ordre naturel aient une gestion sévère et sévèrement contrôlée !

Et la simple prudence qu'apporte à son œuvre collective une association de travailleurs, cette association qui est la France négligerait ou dédaignerait impunément de l'apporter à l'œuvre d'où dépendent sa prospérité et tout son avenir !

Allez donc, électeurs, allez, par un vote complaisant, donner un nouveau blanc-seing à tout ce qu'on voudra tenter pour agrandir, agrandir encore une centralisation déjà trop grande, et pour faire marcher ce progrès de front avec celui du budget national !

Allez dire dans quelques jours :

« Non, à cet égard comme à bien d'autres, ces derniers dix-huit ans n'ont certes pas été heureux !

« Ils ont englouti milliards sur milliards ; ils ont mené à grandes guides la dépense publique lancée vertigineusement !

« En fait de consommation de l'ordre économique, la dictature y a donné à l'Etat, aux départements, aux communes, aux particuliers, un entraînement désastreux.

« Non, ce passé n'est pas sans reproches, assurément non !

« Mais on fera mieux, espérons-le. Qu'on fasse donc ce qu'il plaira. »

Allez tenir ce langage bénévole ; que ceux qui ont la haute main pour commanditer la dépense nationale, la dépense qui retombe sur vous, travailleurs, la dépense qui vous atteint aussitôt, la dépense nourrie de vos sueurs, industriels, commerçants, laboureurs, ouvriers, la dépense à laquelle pas un de vous ne peut échapper ; que ceux qui donnent la première impulsion à cette consommation publique aient des contrôleurs choisis par eux plutôt que par vous qui payez, — et vous verrez si le gouffre financier, ouvert devant vous, va se fermer ! vous verrez si l'on va s'arrêter dans la voie des expédients et des déficits ! vous verrez si la centralisation dévorante va cesser de dévorer les ressources du présent et les ressources de l'avenir ! vous verrez si le budget va s'amoindrir, si le gouvernementalisme va fuir, va disparaître devant une juste et noble liberté !

Voulez-vous, enfants de l'Ardèche, voir se prolonger parmi vous la série d'impôts qu'il faut au gouvernementalisme ?

Voulez-vous voir s'appesantir sur vous les charges déjà si lourdes de la paix ? Voulez-vous voir bientôt surgir à l'improviste les charges plus écrasantes de la guerre ?

Voulez-vous voir durer la prospérité florissante du régime ultra-centralisateur où, après le « taillable à merci » des jours d'autrefois, il reste l'imposable à merci ?

Voulez-vous voir persister longtemps le système inéquitable de l'impôt s'appesantissant de son poids le plus lourd sur une classe de citoyens, les propriétaires d'immeubles, et effleurant une autre classe de citoyens favorisés, les propriétaires de valeurs mobilières ?

Voulez-vous, après les dépenses onéreuses de la paix armée, voir accourir inopinément les consommations de la guerre, de la guerre cumulant les plus durs impôts, l'impôt du sang et l'impôt de l'épargne des peuples ?

Voulez-vous que la guerre, peut-être européenne, et la situation financière qui la suivra, soient amenées par une autre volonté humaine que par la volonté du pays ?

Voulez-vous cela ? le voulez-vous ?

Vous me répondez : Non !

Eh bien, sachez-le, vous n'aurez jamais des députés trop fermes pour prémunir vos gouvernants contre bien des fautes et bien des illusions !

Vous n'aurez jamais des représentants trop énergiques pour s'élever de toutes leurs forces contre les imminences redoutables qui se montrent à l'horizon !

Vous n'aurez jamais des mandataires trop épris de la vraie liberté, pour chercher à écarter le fléau de la guerre, ce fléau qui accourt ; pour tenir à l'écarter, quand ne le demanderont pas impérieusement ces intérêts qu'il ne faut certes point déserter pour les hontes de « la paix à tout prix, » les intérêts de la justice, de la France et de la civilisation !

Ainsi, le gouvernementalisme cause puissante, cause toujours active, parmi nous, de l'excès de la consommation générale qu'il exagère dans la paix comme dans la guerre, voilà le côté de mon sujet que je désirais vous montrer ici.

Messieurs, que ressort-il de ce que je viens de dire ? Qu'en ressort-il d'abord comme enseignement général ?

Il en ressort ceci : c'est que la grande réforme de l'impôt ne pourra s'opérer qu'en substituant au gouvernementalisme le gouvernement de la justice dans une convenable liberté.

Et cette réforme, nous devons tendre à l'effectuer, si, devant la situation économique, fausse à plusieurs égards, que l'Etat a parmi nous, nous ne voulons pas nous en tenir en aveugles à d'impuissants palliatifs, ou plutôt à des moyens empiriques qui ne feront qu'aggraver de jour en jour cette situation.

De ce que nous venons de dire, que ressort-il ensuite comme conclusion relative aux élections qui sont là ?

C'est que, je l'espère, vous vous direz :

« Nous voulons, par notre vote de mai, combattre les tendances au gouvernementalisme qui agrandit démesurément la centralisation politique et la consommation générale.

« Nous voulons arrêter cette centralisation effrénée qui jette hors de leurs voies les dépenses privées et les dépenses publiques.

« Nous voulons, pour cela, des mandataires indépendants du Pouvoir, indépendants des mesquins partis ; des mandataires ne cherchant à servir que Dieu, l'équité et leur pays !

« Nos mandataires, nous les voulons ainsi, pour que, par un contrôle sûr, par des réformes rationnelles pleines de prudence et d'énergie, par une action chrétiennement et puissamment démocratique, nous arrêtions enfin le gouvernementalisme et la fiscalité sur la pente où ils roulent et où ils nous entraînent avec eux !

« C'est ainsi que nous agirons ; c'est ainsi que nous voterons. Et nous croirons défendre ainsi ce qui nous est cher : la vérité, notre patrie, sa fortune publique et son généreux avenir ! »

Et moi, je vous dirai : c'est bien ! Je vous dirai : c'est beau !

C'est bien, de repousser le gouvernementalisme, en vue d'une consommation générale normale, comme en vue d'intérêts plus élevés !

C'est bien, d'appeler, pour cela, le contrôle populaire, mais ce contrôle exercé autrement que par les sottes imprudences de la démagogie !

C'est beau, de vouloir, pour cela, la démocratie dans la raison croyante, la démocratie dans la grande équité !

Cette démocratie, c'est la justice pour les gouvernants, et c'est aussi la justice pour les gouvernés ; c'est la justice pour ceux sur qui pèsent les charges publiques ; c'est la justice pour les travailleurs !

LA

CONSOMMATION GÉNÉRALE

EN FRANCE

Dans l'ordre politique et économique.

II

LA

CONSOMMATION GÉNÉRALE

EN FRANCE

Dans l'ordre politique et économique.

II

DISCOURS

PRONONCÉ A VALS LE 2 MAI 1869.

MESSIEURS,

Qui venez-vous entendre ici? Est-ce un courtisan de la multitude, un poursuivant de la popularité?

Si vous le pensiez, vous vous tromperiez.

J'ai autant de dédain pour les adulateurs du grand nombre que pour les encenseurs du Pouvoir.

Le charlatanisme d'en haut ou d'en bas, d'où qu'il vienne, je l'ai en mépris.

L'égoïsme intrigant, qu'il se dise le défenseur du peuple ou le prôneur des dynasties, qu'il s'insinue dans la démocratie ou qu'il se glisse auprès des potentats, quel qu'il soit, je l'ai en aversion.

Tout ce qui est mensonge, duplicité, exploitation machiavélique de la sincérité populaire, tout ce qui est immorale habileté, comme instrument de règne, comme moyen de césarisme ou comme manœuvre populacière, je le déteste, et vous le détestez aussi!

Devant cela, je dis à tous : L'égoïsme politique, le triomphe de la seule habileté, c'est le scandale qu'il faudrait voir cesser, qu'il faudrait voir diminuer au moins !

Messieurs, puisque les circonstances l'ont fait, si je me présente aujourd'hui à vos suffrages d'électeurs, si je désire que vous fassiez un sympathique accueil à la candidature d'un de vos compatriotes les plus dévoués à vos intérêts, quelle signification pensez-vous donc qu'il faille donner à cette candidature ?

Est-ce une ambition personnelle qui cherche à se servir de vous pour supplanter d'autres ambitions ?

Ce à quoi visent ces efforts, est-ce à faire surgir une individualité nouvelle, préoccupée, elle aussi, de ses pensées étroites de pouvoir, de secte, de parti ?

Non, vous ne le supposez point.

Quel but cette candidature a-t-elle ?

Celui-ci, et point d'autre : Combattre l'intrigue politique en vue de la vérité sociale et de l'ordre dans la démocratie ; instituer, ici et là, une lutte de prosélytisme pour voir si la politique doit être inévitablement le triomphe des chétives habiletés, si elle ne peut pas être la victoire des idées justes et des dévouements !

Oui, nous voulons voir si les convictions pures et les élans généreux que, je l'espère, nous représenterons, si tout cela, en s'adressant au peuple, droitement, fraternellement, sans fard et sans mensonge, peut l'emporter sur la pression du Pouvoir et sur d'aveugles menées de parti.

Nous voulons voir si les préoccupations ferventes de la démocratie chrétienne qui, depuis tant d'années déjà, a l'appel de notre âme, peuvent l'emporter, sans les indignes moyens, sur ce qui a ces moyens pour appui.

Nous voulons voir si ce qui prévaudra parmi vous, ce seront les séductions fallacieuses du popularisme ou de la dictature, ou si ce sera le simple amour de vous et de la vérité avant tout !

C'est là, Messieurs, l'expérience que je vais tenter au grand jour, dans cette campagne électorale ; c'est l'expérience que vous allez contribuer, avec d'autres, à me faire faire dans mon pays.

Certes, vous le voyez, j'ai moi aussi mon ambition.

Oui, je veux, moi aussi, être agitateur des masses populaires ! Je veux souffler des indignations puissantes et des enthousiasmes frémissants !

Je veux parler aux âmes ; je veux leur dire le mot électrisant des émouvantes convictions ! Je veux exciter des intelligences et remuer des cœurs !

Mais pourquoi ? Pour la vérité, non pour l'illusion ; pour l'œuvre de l'union sublime et non pour les dissensions sociales ; pour servir Dieu et la justice et non pour flatter de basses envies, ou pour défendre des priviléges abusifs, créations de l'égoïsme humain !

Ah ! oui, c'est dans ce désir que je vous dirai, à vous, peuple de mon pays, — que je vous dirai du fond de l'âme : Vous avez eu souvent la sollicitude de ma pensée et de ma vie !

C'est dans ces convictions que je dirai — s'il en est ici de ceux-là — à vous, les souffrants des amères désunions humaines, à vous qui appelez, d'un appel brûlant, des jours de vivante vérité :

Vous êtes ceux que j'aime entre tous ! A vos larmes je mêlerai mes larmes ! A vos vœux j'associerai mes vœux ! Et malgré le spectacle de nos divisions douloureuses, à vos espérances d'un monde fraternel dans le Christ, j'unirai les espoirs de mon existence d'homme et de citoyen !

Voilà, Messieurs, ma pensée à ce sujet ; voilà ce que je viens faire auprès de vous dans cette lutte électorale. Je vous le dis avec franchise ; et vous, enfants du peuple, vous, j'en suis sûr, vous m'approuverez !

Vous m'approuverez d'avoir écrit sur le drapeau que je viens porter devant vous, non que je suis un serviteur du Pouvoir ou un sectateur des partis, — je mentirais, si je le disais, — mais d'y avoir écrit :

« Zèle pour les droits populaires dans la grande justice ! Amour de la droiture et de la sincérité croyante, qui fera de nous des hommes, au lieu d'en faire des courtisans du césarisme ou des suppôts de la démagogie. »

Ainsi, Messieurs, pour moi, — comme pour vous, je veux le croire, — ma conviction est faite, depuis longtemps, à ce sujet.

Je le pense, je l'ai toujours pensé, je l'ai écrit cent fois, je l'ai dit des milliers de fois : Quand nous aurons établi le monde social des temps modernes sur ces simples choses : la vérité, la vie de foi et l'énergie du citoyen, alors sera accomplie la rénovation politique ; alors triomphera ce que nous appelons de nos vœux, une glorieuse démocratie !

Non, — j'aime à me le dire,— ce qui vous attire ici, ce n'est pas la frivole vanité ; ce n'est pas le désir d'entendre des paroles d'adulation populaire. Vous n'en avez que faire, et moi non plus. L'amitié vraie ne flatte point, car elle ne ment pas.

Ce qui vous a fait venir ici, c'est, je le pense, la préoccupation des choses politiques et économiques qui importent à l'avenir de notre pays ; c'est, devant les élections prochaines qui trouveront en vous, je l'espère, de généreux citoyens, c'est le désir d'entendre exposer quelque sujet touchant à vos légitimes intérêts ; c'est le désir de vous voir encourager à faire votre devoir et à servir le mieux notre patrie.

Eh bien, Messieurs, voici un sujet qui concerne plusieurs de vos intérêts : ce dont il s'agit là peut contribuer puissamment à faire marcher notre France vers l'ordre ou vers le désordre social.

C'est la question de la dépense générale de notre pays.

Déjà j'ai dit à Aubenas quelque chose de cette question. Je vais continuer de l'examiner ; car elle est, à cette heure, importante à beaucoup d'égards ; et elle pourrait faire le sujet de bien des discours.

Ainsi donc, demandons-nous-le : Qu'en est-il, en ce moment, parmi nous, de la consommation générale, au point de vue politique et économique ?

Messieurs, à nos concitoyens d'Aubenas je montrais ceci : que la consommation générale est rendue déréglée, dans un pays tel que le nôtre, par le fait du gouvernementalisme, c'est-à-dire du Pouvoir pesant sur tout, du Pouvoir voulant régler tout, du Pouvoir écrasant l'initiative individuelle sous les prétentions exorbitantes et sous l'omnipotence de l'Etat.

Je montrais que la consommation générale est rendue défectueuse par le gouvernementalisme, parce qu'il est une des causes principales de l'excès des dépenses publiques, des dépenses payées par l'impôt, c'est-à-dire par votre labeur, à vous industriels, agriculteurs, commerçants, travailleurs qui que vous soyez.

Aujourd'hui, j'insisterai sur ceci :

La consommation générale de notre pays est rendue excessive par l'influence qu'exerce la consommation publique sur l'ensemble des consommations privées.

Croyez-vous peut-être, Messieurs, qu'il n'y ait pas un rapport direct entre les dépenses de l'Etat et l'ensemble des dépenses particulières ?

Mais ce rapport est indubitable.

La consommation générale se composant en effet et des dépenses publiques et de la somme des dépenses privées, ces deux sortes de dépenses sont les deux parties constitutives d'un même ensemble de faits ; et ainsi l'ordre ou le désordre chez les unes constate et concourt à amener ou à maintenir l'ordre ou le désordre chez les autres.

Si la consommation publique est convenable, elle tend à rendre convenable la totalité des dépenses privées ; si elle est déréglée, elle contribue à rendre désordonnée la somme des dépenses particulières.

Il y a là action simultanée ; il y a action et réaction réciproques : c'est une loi générale.

Et, Messieurs, voulez-vous constater une preuve de cette loi dans le passé ? Nous n'avons pas besoin, pour cela, de sortir de l'histoire de notre pays.

Voyez la France, il y a un ou deux siècles ; voyez la France de l'*ancien régime*.

Quelles dépenses publiques insensées que celles qu'y amène alors le faste insolent de la cour des Louis XIV et des Louis XV !

Eh bien ! regardez ce qui se ressent le plus près de l'influence de ces prodigalités de l'absolutisme.

Voyez la noblesse, la haute bourgeoisie, le haut clergé même, chez trop de ses membres.

Ne suivent-ils pas, plus ou moins, l'exemple démoralisateur donné par le pouvoir politique ? Les dépenses privées ne marchent-elles pas chez eux, comme dans l'Etat, avec une effrayante progression ?

Si la petite bourgeoisie, le peuple des campagnes, le grand

nombre des habitants des provinces avaient pu subir alors, aussi directement que le fait le peuple de nos jours, l'action délétère des profusions gouvernementales, la France entière ne tombait-elle pas là où vont se précipiter les peuples qui méconnaissent la justice et l'austère liberté ?

Oui, la France alors était près de l'abîme ! Elle était près du gouffre que creusent les perversions populaires, les gouvernements sans contrôle, les pouvoirs autocratiques, les pouvoirs libérâtres ou liberticides, les pouvoirs césariens !

La France, assoupie dans ses régions gouvernementales comme dans ses servilités « philosophiques, » courait aux extrêmes hontes ; elle allait aux suprêmes catastrophes. Elle y toucha dans son délire ; elle y souilla ses pieds sanglants !

Qu'est-ce qui l'a réveillée ?

L'appel de la grande justice chrétienne et rationnelle, l'appel de la vraie démocratie !

A cet appel, notre France a frémi. Elle s'est retournée ; elle a énergiquement abandonné son dangereux chemin et elle a marché vers des destins meilleurs !

Et nous aussi n'entendrons-nous pas l'appel de la démocratie de l'avenir ?

Ne connaîtrons-nous pas, et mieux encore, l'enthousiasme qu'ont connu nos pères ?

N'aurons-nous pas la vision fascinante qui doit faire palpiter les cœurs ?

N'aurons-nous pas des indignations contre le machiavélisme, contre le matérialisme honteux, contre les léthargiques opiums froidement versés sur les peuples pour éteindre leur âme, pour affaiblir leur caractère, pour ravaler leur intelligence, pour les endormir dans les jouissances de la matière, pour leur faire oublier l'amour du devoir et de la liberté ?

N'aurons-nous pas un frisson devant les perfidies du mensonge s'attaquant à l'âme des peuples, les entraînant vers un spectre de mort, et là leur criant : « C'est la vie ! »

Non, le passé n'a pas fini les rénovations généreuses ! il n'a fait que les commencer !

Le 4 *août* de l'égalité, c'est là le jour qu'ont vu nos pères.

Leurs fils en attendent un autre : *le* 4 *août* de l'instauration des peuples dans une politique tout au Christ, *le 4 août* de la fraternité !

Ce jour, je l'attends ; les peuples le verront !

Ah ! si nous ne marchions pas vers ce grand jour ; si la foi, le patriotisme, l'honneur ne nous faisaient pas avancer vers lui ; si nous prenions pour guides menteurs le scepticisme illusionnant, les négations mortelles, les despotismes césariens, nous resterions dans la démocratie ; oui, nous y resterions, car nous y sommes irrévocablement ! Mais, au lieu de nous élever dans la démocratie de la justice, celle qui doit avoir notre amour, nous ramperions, peuple indigne, peuple asservi, dans la démocratie des dépravations !

Alors que serait la consommation publique de ce peuple égaré loin de sa voie ?

Elle serait fiévreuse, inique, insensée !

Alors on verrait une consommation privée entraînée elle aussi dans le désordre.

Alors une folle ivresse, suivie d'un dur réveil !

Alors, des rires un jour, et la catastrophe le lendemain, pour une société finie, pour un peuple effacé, pour un peuple ayant trahi le devoir, ayant renié Dieu, ayant dissipé sa richesse, ayant sacrifié à ses idoles la foi, la vertu et la vraie liberté !

Assurément, Messieurs, la direction mauvaise ou bonne de la dépense d'un Etat tel que la France, l'action de la consommation publique parmi nous peut, avec d'autres causes agissant ensemble, mettre nos intérêts privés, mettre nos dépenses particulières sur un chemin malheureux ou prospère !

Et, pour exercer à ce sujet une action déplorable, nos gouvernements n'ont pas besoin d'avoir ce que réclament pour eux des utopies qui sont une dérision de la science et des aberrations du devoir ; ils n'ont pas besoin d'avoir la gestion directe et intégrale de l'industrie, du commerce, des arts, des professions libérales, de l'ensemble du travail humain : ce qui serait le *socialisme* consommé.

Nos gouvernements n'ont pas besoin de prétendre décréter, à leur gré, si telles productions ou telles consommations privées sont normales ou non : ce qui est loin d'être de la compétence des pouvoirs publics.

Il suffit qu'il y ait l'influence indirecte, qui s'opère en ce moment, des consommations publiques sur les consommations privées, pour que les dépenses gouvernementales puissent exercer parmi nous une action des plus pernicieuses sur la production et la consommation individuelles, sur toute la vie économique de notre pays.

Comment cela, Messieurs ?

C'est d'abord que des dépenses publiques déréglées sont un exemple et un stimulant très-fort pour le désordre des dépenses privées.

Si l'Etat exagère ses dépenses, comment ces multitudes d'hommes qui ont le regard tourné vers lui n'exagèreront-elles pas les leurs ?

Et les capitaux employés ainsi par des particuliers à des consommations superflues ne seront-ils pas autant d'enlevé à des travaux utiles, intellectuels ou matériels ?

C'est ensuite que des dépenses gouvernementales fausses ou excessives réclament elles aussi du travail et du capital, des hommes et de l'argent.

Eh bien ! tous ces moyens économiques affectés à des dépenses publiques anormales sous un rapport ou sous un autre ne vont-ils diminuer les travaux nécessaires de l'agriculture, du commerce, des manufactures, des professions libérales ?

Ne vont-ils pas amoindrir la formation du capital national ?

Tout cela ne va-t-il pas être une déperdition vaine des forces vives de notre nation ?

Tout cela ne va-t-il pas s'exprimer chez nous par moins de science, puisqu'on s'y adonnera moins à l'étude du vrai ; par moins d'art, puisque l'amour du jouir déréglé y fera dévier le sentiment du beau ; par moins d'industries fructueuses, puisque tant de travaux seront mis à des choses plus ou moins superflues ?

Tout cela ne va-t-il pas se traduire inévitablement en ceci :

C'est que, chez nous, le pain sera plus cher qu'il ne pourrait être, puisque des hommes et des capitaux y seront enlevés à la production agricole ;

C'est que la situation y sera plus précaire pour le grand nombre, puisque des ressources économiques auront été ôtées au mouvement général de l'industrie, à ce qui, par une production plus abondante, eût rendu moins rares des utilités de l'ordre matériel ;

C'est que le capital y sera moins accessible à tous par le crédit, puisque, au lieu d'accroître ce capital, on le diminue ;

C'est que le travail de l'ouvrier y sera échangé contre moins de choses utiles, ce qui revient à dire que les salaires y seront plus bas, puisque ces choses seront produites moins abondamment ;

C'est que les voies de communication y seront moins établies ou moins entretenues, puisque l'on aura moins de ressources à y affecter ;

C'est que l'instruction populaire y sera plus négligée, puisque le gouvernementalisme aura ravi une plus grande somme de capitaux disponibles ;

C'est que tout ~~ce qui~~ constitue notre situation religieuse, morale, intellectuelle, matérielle, au lieu d'être dans l'état florissant où cela pourrait être, au lieu d'avoir la forte vie chrétienne, scientifique, politique et économique qu'il devrait avoir, y végètera plus ou moins, puisque les pensées iront à la vanité et les cœurs au désordre ; puisqu'un grand nombre d'existences s'y traîneront de folies en folies et de perversion en perversion !

Ah ! quelques-uns s'imaginent que ce n'est rien, des dépenses publiques exagérées, s'étalant viciées et puissantes au soleil d'une civilisation !

Mais c'est l'agriculture, l'industrie, la production, le crédit, la science, l'art, la politique, l'existence individuelle et nationale, plus ou moins sur la voie de la décadence, au lieu d'être sur le chemin du progrès !

Avez-vous besoin d'exemple, à l'appui de cela ?

Croyez-vous que, si en pleine paix nous avons, comme nous les avons eus si longtemps, deux cent mille hommes de trop sous les armes, cela n'a pas été et ne sera point une chose déplorable pour tous les intérêts de la nation ?

Mais ces deux cent mille soldats, ces deux cent mille travailleurs rien qu'à deux francs par jour, ces travailleurs arrachés par le militarisme à l'agriculture, à l'industrie, aux autres professions productives, auront perdu à la nation quatre cent mille francs par jour, auront perdu cent vingt millions par an, pour ce qu'ils auraient fait et ce qu'ils n'ont pu faire, grâce à l'illusion de nos gouvernants !

Mais, pour ces deux cent mille soldats de trop, il aura fallu, en outre, deux cents millions par an de dépenses payées par l'État, c'est-à-dire par l'impôt, c'est-à-dire toujours par vous, travailleurs, toujours par nous tous !

Et voilà comme quoi le gouvernementalisme, à qui il faut les grosses armées comme les gros budgets, aura pris, sans profit aucun pour nous, plus de trois cents millions par an prélevés, comme perte sèche, sur le revenu de la fortune publique, et empêchant, d'une manière proportionnelle, l'accroissement du capital national.

Et comme ces trois cents millions et plus, — ces millions qui font des milliards en si peu d'années, — il nous faut, grâce au gouvernement personnel, grâce aux députés complaisants, grâce aux favoris du Pouvoir, grâce aux contrôleurs du Pouvoir nommés à son choix plutôt qu'au nôtre, grâce aussi, disons-le, à notre manque de caractère et à notre indignité civique, comme il nous faut ainsi les jeter, ces millions et ces milliards, constamment en pâture à l'engloutissante centralisation, il vous reste, Messieurs, comme consolation unique, à vous dire ceci :

Avec ces trois cents millions perdus, il y aurait eu, chaque année, de quoi faire prospérer l'industrie de toute une province !

Avec ces trois cents millions perdus, additionnés pendant ces quinze ans, il y aurait eu de quoi faire tous les chemins vicinaux de France ; ces chemins qui se feront, oui, mais après bien du temps ; ces chemins qui se feront, oui, mais avec un surcroît de dépenses retombant toujours de tout son poids sur l'industriel et sur l'agriculteur !

Avec ces trois cents millions perdus, il y aurait eu de quoi donner chaque année une large et forte instruction populaire aux multitudes de vingt départements !

Changerons-nous de système, Messieurs ? Pas encore ; pas encore, ne le croyez pas, — à moins que nous n'y mettions une indomptable énergie.

Nos industries manqueront d'instruments du progrès économique ; nos chemins se feront peu et lentement ; l'instruction arrivera insuffisante à nos frères, à ces enfants du peuple. Mais nous aurons montré à l'Europe nos prodigalités militaires ; nous aurons fait défiler, devant tous, nos puissants moyens de destruction, comme agents de l'œuvre civilisatrice ; nous aurons fait parade, au profit de la dictature, du luxe de nos canons rayés ; nous aurons accru le nombre de nos soldats, diminué celui de nos laboureurs, celui de nos artistes, celui de nos penseurs, celui des libres citoyens !

Comprenez-vous maintenant, Messieurs, comment des consommations publiques déréglées peuvent influer, d'une manière déplorable, sur l'ensemble de la production et de la consommation privée ?

Telles sont les lois sociales. Et je puis ajouter : tels sont les faits actuels devant ces lois.

Ces faits vous rassurent-ils ?

Non pas moi, ni bien d'autres.

Quoi ! devant la situation appauvrie de notre agriculture, situation douloureuse que l'enquête agricole a révélée aux moins clairvoyants, — au lieu de tâcher, par de justes efforts, de retenir les bras à ce sol nourricier de la France, au lieu de faire en sorte que les capitaux y affluent, on attire de plus en plus et bras et capitaux dans les grands centres de population, pour créer là le pléthore et dans nos campagnes la pénurie !

Quoi ! l'on prodigue les millions pour refondre des cités entières sur le modèle d'un damier, pour y supprimer quelques accidents de terrain, au prix de dépenses fabuleuses, quand nos villages sont des taudis, quand près du quart de la population de la France loge dans des bouges, dans des lieux privés d'air et de lumière et devant des cloaques infects !

Quoi ! l'on va, en quelques lieux privilégiés, répandre à profusion les splendeurs du faste public, et cela en partie avec les contributions nationales, quand ici ou là un peuple souffrant a de la peine à payer son impôt !

Quoi ! le luxe centralisateur s'étale, l'opulence du gouvernementalisme en est parmi nous à l'éclat somptuaire, quand, au dix-neuvième siècle et dans notre démocratie, des prolétaires manquent de pain !

Quelle démocratie est-ce donc ?

Ah ! ce n'est pas celle de la fraternité ! C'est la démocratie semi-payenne qui rappelle l'inique césarisme, et qui, à trop d'égards encore, est digne des vieux jours romains !

Vous voyez, Messieurs, la triste puissance qu'ont les fausses consommations publiques, les dépenses anormales de nos gouvernements, pour rendre déréglées la production particulière et les dépenses privées en vue desquelles a lieu cette production.

J'ajoute maintenant ceci :

Toutes les perversions sociales que le gouvernementalisme produit parmi nous, amènent du désordre dans l'ensemble des consommations privées et, par là, dans la consommation générale.

Que d'exemples je pourrais citer, à l'appui de cette affirmation !

Voyez donc le système des candidatures officielles, établi en vue de maintenir le gouvernement dictatorial.

N'amène-t-il pas un trouble profond dans la dépense tant privée que publique ?

Comptez ce qu'il faut au Pouvoir politique de déperdition des forces administratives, de forces payées par cette nation elle-même que l'on empêche ainsi de choisir à son gré ses mandataires.

Comptez tout ce qu'il faut au gouvernement pour lancer l'armée de ses fonctionnaires à l'appui d'un candidat docile, contre tout autre qui aurait les sympathies publiques.

Comptez les dépenses privées qui incombent au candidat indépendant, obligé de soutenir de son mieux cet assaut du Pouvoir.

Comptez les influences actives, parfois même désordonnées, que plus d'un est entraîné à mettre en jeu, pour soutenir cette lutte trop inégale qui, dans ces conditions, au lieu de faire triompher les situations légitimes, ne peut servir qu'à assurer le succès du bon plaisir gouvernemental ou du fanatisme de l'esprit de parti !

Certes oui, il y a inévitablement un caractère de mensonge imprimé à des élections où tout devrait tendre à amener la loyale sincérité.

Certes oui, il y a trop souvent dans ces conflits, avec le caractère de duplicité, des prodigalités démoralisantes ; il y a trop souvent des pactes dégradants pour lesquels la conscience de l'électeur est non point une conscience d'homme mais une chose à acheter et à vendre !

Mais à qui la responsabilité première de ces machinations d'improbité ?

A qui, si ce n'est au système politique qui, employant dans les élections nationales les moyens du machiavélisme, et montrant aux citoyens, au moment du vote, la faveur ou la défaveur du Pouvoir, selon qu'ils agiront, pousse des adversaires sans une suffisante vertu civique à recourir à des moyens qui ne sont pas plus immoraux mais qui le sont autant, et qui, ainsi que ceux-là, concourent à pervertir le vote populaire, bien loin de favoriser l'éducation probe et intelligente du suffrage universel ?

Est-il besoin de vous le dire, à vous qui tenez à votre honneur, ce n'est pas la candidature qui se présente ici à vous qui recherchera vos suffrages, par des complaisances démagogiques ou par la connivence avec le Pouvoir !

Non ! ce que je vous dirai, c'est ceci :

Voulez-vous servir la noble indépendance ? Voulez-vous marcher, en citoyens, vers l'ordre dans la démocratie ?

Voulez-vous le progrès politique, avec modération mais avec énergie, dans la justice et la vraie liberté ?

Alors, je suis à vous. Je vous offre mon dévouement à vos intérêts les meilleurs, mon amour de la politique de rénovation dans la foi chrétienne et dans l'équité.

Au contraire, préférez-vous la tutelle des centralisations, la main mise du gouvernementalisme sur votre développement social ? Voulez-vous la politique d'arbitraire ? Voulez-vous ce qui rendra toujours exagérée la consommation publique, toujours précaires vos droits de citoyens ?

Voulez-vous maintenir le *statu quo* déplorable où nous sommes ?

Voulez-vous courir les aventures de la démagogie ?

Alors portez votre vote ailleurs !

Eh bien ! s'il en est ici qui hésitent à servir avec nous la cause de la liberté nationale, comprise dans le sens chrétien et démocratique ; s'il en est qui veuillent perpétuer le gouvernement personnel, en adoptant les candidats qu'il offre ou tel autre député complaisant, à ceux-là je dirai :

Quand vous aurez contribué ainsi à maintenir nos affaires politiques dans la voie dangereuse où elles sont ; quand vous aurez contribué à ce que l'on étouffe les justes réclamations nouvelles sous la fin de non-recevoir des hommes d'Etat satisfaits, qu'aurez-vous fait, électeurs imprudents ?

Vous aurez concouru à accroître la centralisation, à accroître le gouvernementalisme, à accroître l'excès de la consommation publique.

Vous aurez aidé à grossir l'impôt ; vous aurez donné de plus amples pâtures à la fiscalité qui dévore déjà près du quart du revenu national.

Vous aurez fait cela, oui. Mais vous aurez méservi le Pouvoir, en cherchant indignement à lui complaire ; vous aurez méservi la fortune de la France ; vous aurez méservi vous-mêmes, votre liberté et votre pays !

Disons-nous-le, concitoyens : nous pouvons, par notre vote du 23 mai, appeler le progrès libéral, le progrès pacifique d'une grande démocratie.

Nous pouvons mettre une surexcitation fiévreuse à jeter notre France dans les voies perdues de la démagogie.

Nous pouvons favoriser des inerties sans caractère, des obséquiosités sans énergie, des candidatures sans drapeau.

Nous pouvons servir la résistance aveugle, où les pensées se faussent, où les sentiments s'exaspèrent, où les désirs de revendications violentes s'accumulent, où aucune rénovation ne s'opère, mais où se préparent les révolutions.

Qu'allez-vous appuyer ? Qu'allez-vous défendre ? A vous de choisir.

Vous y êtes à temps.

LA SITUATION ET LE DEVOIR

DANS LES

ÉLECTIONS LÉGISLATIVES

DE 1869.

LA SITUATION ET LE DEVOIR

DANS LES

ÉLECTIONS LÉGISLATIVES

DE 1869

DISCOURS

PRONONCÉ A BOURG-St-ANDÉOL, LE 14 MAI 1869.

Messieurs,

Nous voici dans la lutte électorale ; nous voici dans cette mêlée où est engagée la France entière et qui doit trouver en nous de généreux militants, d'énergiques citoyens.

De quoi s'agit-il dans ces élections? Quel y est le devoir des mandants et des mandataires? C'est ce que nous allons nous demander.

I

Et d'abord, Messieurs, de quoi s'agit-il dans cette lutte?

Il s'agit de savoir si nous serons un peuple libre, si nous verrons flotter sur nos montagnes et sur nos vallées le drapeau de la démocratie chrétienne, ou si nous y verrons le drapeau de l'illusion démagogique ou celui des lâches complaisances pour tout ce qui a la force en main !

Il s'agit de savoir si nous aurons des mandataires vraiment choisis par nous, sachant quelle est la mission de la France, aidant la patrie à accomplir son œuvre ; ou si nous aurons des représentants inféodés au Pouvoir ou aux partis !

Oui, pour quiconque a l'intelligence du moment où nous sommes, les questions principales, posées dans ce mouvement électoral, sont celles-ci :

Aurons-nous des délégués qui contrôlent la gestion politique, ou des délégués qui n'exercent sur elle qu'un contrôle insignifiant ou nul ?

Aurons-nous des députés qui comprennent le grand devoir de la politique française ? Et que sommes-nous en droit d'attendre du contrôle qu'ils exerceront ?

Tout ce qui doit s'agiter supérieurement dans nos élections législatives de cette année est résumé là, ni plus ni moins.

Aurons-nous des députés qui contrôlent ou des députés qui ne contrôlent pas ?

Aurons-nous des représentants qui exercent sur les choses politiques générales ce contrôle prudent et sévère qui doit être leur fonction ?

Ou aurons-nous, pour délégués, des hommes obséquieux envers le Pouvoir, toujours dociles à ses volontés, jamais sur la brèche pour défendre les premiers intérêts de la patrie et de la civilisation ?

Ou aurons-nous enfin, pour contrôler la politique française, des hommes de factions, instruments de pensées sectaires, servant les vues d'étroits partis, obéissant, avec la clairvoyance des « libres penseurs, » aux impulsions aveugles de la Révolution désordonnée ?

Certes, de telles questions valent la peine d'avoir, s'il est possible, pour nous tous, leur juste solution.

Elles touchent à ce qui nous est cher. Il y va de nos biens, de notre honneur, de notre dignité, de notre progrès social.

Un député comme il faut l'avoir, ce député qu'est-il ?

Il n'est pas l'homme-lige du Pouvoir ; il n'est pas, non plus, l'esclave des partis.

Il ne connaît rien des asservissements, rien des honteuses complicités avec les tendances au césarisme ou avec les misérables caprices de la démagogie.

Il ne fait pas au gouvernement de son pays une opposition systématique ; mais il sait lui dire, quand il faut :

« Tu dois aller jusques là, et pas plus loin ! Tu dois être « ministère de Dieu pour le bien, » et non ministère d'iniquité pour des intérêts désordonnés !

« Je m'incline devant le vrai ; je ne m'incline pas devant les mensonges d'une semi-payenne *raison d'Etat !* Je ne m'incline pas devant les prétendus bienfaits du pouvoir arbitraire, voulant à son gré gouverner la nation sans la nation !

« Ce que je sers, de mon dévouement, c'est la grandeur nationale soumise à la majesté de Dieu.

« Ce que je défends, c'est Dieu, la justice politique et mon pays ! »

Tels sont les sentiments et le langage qui doivent être ceux de tout député de la France !

Et que lui importent, à ce mandataire ayant l'esprit chrétien et démocratique, que lui importent les courtisaneries qu'il voit prosternées devant la faveur populaire ou devant les gouvernements !

Lui, il courtise la vérité ; lui, il ne tient qu'à faire son devoir !

Eh bien, Messieurs, il dépend de nous d'avoir des mandataires qui aient l'intelligence de notre époque ; qui aient sous leur regard le but glorieux de la France ; qui aient le désir de la voir s'avancer dans le chemin de ses grandes destinées ; qui soient sans cesse préoccupés de la mission qu'ils ont à remplir !

Et ces mandataires, où les trouverons-nous ?

Les trouverons-nous dans les candidats de préfecture, pour lesquels on lance déjà devant nous toutes les forces de l'administration ?

Mais ces candidats, nous les connaissons.

Nous les avons vus à l'œuvre depuis douze ou dix-sept ans.

Leur œuvre, — je parle ici de la majorité trop nombreuse

des députés que vient d'avoir notre France et de la généralité de leurs votes; je ne parle point des nobles exceptions qu'il y a eues, dans nos dernières législatures, où de tels votes mieux inspirés que vous n'ignorez point, — leur œuvre, le plus souvent, à eux, contrôleurs de la chose publique, c'est de n'avoir rien contrôlé !

Leur œuvre, c'est d'avoir approuvé toutes les erreurs gouvernementales qui ont puissamment contribué à nous conduire là où nous sommes. Et certes, quoi qu'en disent les satisfaits, nous sommes bas devant le devoir, devant la grande et chrétienne liberté !

Leur œuvre, c'est d'avoir employé leur complaisance à faire tourner les événements d'Italie à l'avantage d'un piémontisme libérâtre, inique, astucieux, quand il fallait travailler activement à établir la justice politique dans la Péninsule, par une libre fédération !

Leur œuvre, c'est d'avoir, la plupart d'entre eux, coopéré avec la cécité des courtisans à ébranler l'axe de l'ordre social en Italie comme en Europe ; d'avoir compromis, s'il peut l'être, le pouvoir du souverain pontificat, pouvoir spirituel et temporel qu'il fallait et qu'il faut défendre, comme le palladium des justes libertés européennes !

Leur œuvre, c'est d'avoir laissé exterminer la Pologne, la Pologne, ce rempart vivant de notre civilisation, la Pologne qui nous appelait, qui nous suppliait, et qu'ils ont laissé immoler !

Leur œuvre, c'est d'avoir appuyé la désastreuse expédition du Mexique, d'avoir approuvé que l'on jetât là et nos centaines de millions et surtout tant de nos soldats qui y sont allés et qui n'en sont pas revenus !

Quels députés, grand Dieu ! Quels représentants de toi, mon pays, de toi, ma vaillante nation !

Laisser égorger la Pologne à nos portes ! Laisser tomber ce peuple de héros, notre ardent défenseur contre la barbarie du Nord ! N'avoir pas une parole pour cette infortune, pas un appel pour ces frères qu'on assassinait, pas un cri d'indignation à la tribune nationale contre cet audacieux forfait !

Et, dans ce temps-là même, jeter nos soldats à trois mille lieues ; les jeter au soleil du tropique ; les jeter aux déserts ; les jeter aux fièvres dévorantes ; les jeter par de là les Océans, dans un pays qui ne voulait pas plus de l'intervention française que nous ne voulons du pouvoir dictatorial !

Et pourquoi cette conduite étrange, chez vos mandataires ?

Parce que c'était la volonté du Pouvoir personnel ; parce que c'était son idée fixe ; comme c'est en ce moment sa pensée arrêtée et malheureuse de nous faire donner notre suffrage à de tels candidats, à ceux qui, dans leur passé politique, ont été les hommes d'une aussi funeste obséquiosité !

Pourquoi, chez vos mandataires, ces actes à rebours de ce que commandaient les vraies destinées de la France ?

Parce qu'il leur fallait avant tout complaire à la volonté du maître, et lancer ainsi à tous les hasards d'une calamiteuse expédition, sans profit pour nous, sans profit pour le Mexique, sans profit pour la civilisation du monde, nos pauvres et valeureux soldats !

Voilà les députés qu'a eus la France, à cette législature qui vient de finir !

Voilà ce qu'ils ont su faire ! Voilà comment ils ont compris leur devoir de délégués de la nation !

Est-ce là toute leur œuvre ?

L'œuvre qu'ont su faire vos représentants, avec tous ceux de leur caractère, c'est d'avoir ratifié, sans mot dire, tous les emprunts, toutes les aliénations de biens de l'État, toutes les fausses manœuvres financières qui nous ont chargés d'un surplus de dettes de quatre milliards trois cent vingt millions depuis 17 ans.

C'est d'avoir trouvé tout naturel, paraît-il, que dans ce laps de temps nos impôts aient monté de un milliard 500 millions à deux milliards cinq cents millions, sans que ce surplus de ressources nous ait permis d'éteindre la plus petite partie de la dette publique qui au contraire s'est accrue exorbitamment.

Et ces millions, dûs par l'État, qu'est-ce qui les paye ?

C'est vous qui, dans quelques jours, allez peut-être, par un vote étonnant, encourager cette gestion politique, appuyer ce système et ses candidats !

Leur œuvre, c'est d'avoir approuvé tous ces cumuls dégradants pour un peuple, ces traitements qui n'alimentent que la servilité ; ces salaires allant, par les cumuls, à plusieurs centaines de mille francs, par an, quand ici et là un peuple souffre, quand la misère sévit parmi nous !

Voilà comment les députés complaisants, les candidats de préfecture, les candidats que l'on vous a comme imposés deux ou trois fois, les candidats que l'on vient vous proposer encore, escortés par toute l'armée des agents du Pouvoir, voilà comment ils ont su manier nos finances, comment ils ont fait, d'année en année, marcher notre pays vers la banqueroute qui l'attend, si nous ne changeons pas de mandataires et si la politique de la France ne change pas de chemin !

Leur œuvre encore, à vos députés sortant, c'est de n'avoir point protesté contre cette louche convention de septembre, œuvre d'une politique équivoque, sans fixité, sans principes, vivant au jour le jour, servant tantôt les duplicités de la conservation menteuse, et tantôt les mensonges de la Révolution !

Leur œuvre, — ah ! je ne leur pardonne pas plus cela que tant d'autres faits malheureux, — c'est d'avoir été de cette multitude de députés qui, devant les prétentions de la Prusse, devant ses prétentions bien connues et que l'on pouvait arrêter à temps par une énergique attitude, sont restés muets, attendant le mot d'ordre, préoccupés avant tout, de quoi ? de ne pas déplaire au Pouvoir, — et laissant la Prusse devenir sur nos flancs une puissance formidable ; la laissant faire des libertés allemandes la confiscation effrontée, appelée progressive, que le Piémont avait fait déjà des libertés italiennes ; la laissant devenir menaçante sur nos frontières, après cette journée de Sadowa qu'eux, députés gouvernementaux, ont contribué à amener ! Oui ! je les en accuse ! Et l'histoire juste, l'histoire sévère les en accusera !

Et ces députés qui n'ont pas eu une parole, quand il fallait la dire, pour arrêter l'ambition prussienne, ces députés après qu'ont-ils fait ?

Qu'ont-ils fait ? Ils se sont empressés de voter la *loi militaire ;* cette loi qui, quoiqu'en aient dit les courtisans, est venue aggraver votre situation à vous, pères de famille ; à vous, jeunesse française ; à vous, propriétaires, cultivateurs, industriels ; cette loi qui est venue diminuer encore les ressources déjà si précaires de notre agriculture, et ajouter à l'impôt qui prend sur le revenu de vos biens, une facilité de plus à notre centralisation formidable pour lever parmi nous l'impôt du sang !

Ils se sont fait mérite, bon an, mal an, ces députés patriotes, de voter des contingents de cent mille hommes, alors que trente mille hommes livrés de trop chaque année à un militarisme dévorant, c'est, pour quinze ans, trois à quatre milliards perdus, trois à quatre milliards qui auraient donné une instruction progressive aux enfants les plus oubliés de notre patrie !

Trois à quatre milliards perdus ! N'est-ce rien pour une industrie souffrante, pour une agriculture trop délaissée, pour ce grand labeur national d'instruction et de moralisation chrétienne, qui réclame tant de sacrifices, tant de dévouements ?

Voilà, Messieurs, ce qu'ont su faire nos députés complaisants, nos candidats officieux !

Ils ont su approuver le gouvernementalisme en tout, le gouvernement personnel en tout !

C'est pour cela qu'on les traite en amis ; c'est pour cela qu'ils vous sont recommandés ; c'est pour cela que les agents du Pouvoir viennent parmi vous préparer leur succès !

Electeurs, applaudissez à ces candidatures vouées au triomphe ! Electeurs, remerciez ces hommes, votez pour eux : ils ont passé l'éponge sur le livre des grandes destinées de la France et sur toutes les erreurs désastreuses du gouvernement dictatorial !

C'est ainsi qu'ils ont supposé remplir leur mission !

Messieurs, le mandat du député, vous savez en quoi il consiste.

Il consiste d'abord à défendre les nobles idées que la France a le devoir de propager ; ensuite, à servir les intérêts généraux du pays ; enfin à être utile aux intérêts particuliers de ses commettants, dans la mesure du possible, et autant que ces intérêts privés ne sont pas en opposition aux intérêts collectifs.

Devant cela, voyez nos députés sortant ; voyez ces candidats que le gouvernement nous propose, comme s'il tenait à nous les imposer.

Ont-ils eu sollicitude des idées capitales que la France doit défendre ?

Certes, on ne s'en est pas douté.

Et les grands intérêts sociaux, ceux qui regardent notre progrès intellectuel, par la diffusion la plus active de l'instruction chrétienne et rationnelle ; ceux qui regardent notre progrès industriel, agricole, commercial, par l'allégement des charges publiques, par l'établissement des moyens qui peuvent ramener à notre agriculture et à notre industrie les bras et les capitaux qui fuient ailleurs, — ces intérêts les ont-ils préoccupés ?

On n'a guère pu s'en douter davantage, en les voyant voter résolument tout ce qui a été mauvais pour notre agriculture, mauvais pour notre industrie : les accroissements d'impôts, les prodigalités jetées en travaux de grandes villes, les expéditions déplorables, et les contingents excessifs, et ce déploiement du militarisme qui, aboutissant aux drames sanglants de Castelfidardo, de Quérétaro et de Sadowa, a prouvé depuis qunize ans à l'Europe, que « l'Empire c'est la paix ! »

Et devant ce passé politique, sanctionné par vos mandataires; devant ce passé, qui a été leur complicité ou leur œuvre, vous hésiteriez !

Et préfet, gendarmes, commissaires pourraient vous influencer !

Et vous ne diriez pas :

Arrière les candidats de préfecture, les hommes du pouvoir dictatorial !

Arrière les candidats qui représentent l'accaparement de la vie nationale, loin de représenter la libre expression de la vie politique, le progrès normal des intérêts publics !

C'est là, Messieurs, la situation, en ce qui est des candidats que le Pouvoir vient vous présenter.

Et que devons-nous dire de cette situation, en ce qui est des candidatures de la Révolution désordonnée ?

Ce que nous devons en dire, le voici :

Qu'attendre de vraiment rénovateur, comme contrôle national, de tendances allant contre la mission de la France, mission qui fut, qui doit être toujours l'union de la pensée démocratique et de l'esprit chrétien ?

Qu'attendre, comme salut social, de tendances qui jettent les cœurs et les institutions à l'effrayante misère des âmes et des peuples loin du Christ ?

Qu'attendre de cela? L'abjection morale et nationale, au bout de ce chemin perdu hors du souffle vivifiant de la foi !

Si donc, dans cette lutte de pensées et d'influences politiques, nous nous préoccupons de la justice, si nous y apportons la sollicitude de notre avenir national ; si nous y entrons avec l'intelligence des intérêts démocratiques, n'y préconisons pas les aberrations d'une incroyante démagogie.

Disons-nous : Ce qu'il faut, ce sont des députés qui servent la vérité sociale et non les perversions révolutionnaires !

Ce sont des députés qui aient les vraies et fortes croyances sans lesquelles tout croulerait en Europe, l'honneur, la liberté, la fraternité !

Ce sont des députés qui unissent à l'amour de la loi du Christ, la haine de tous les despotismes et l'aversion des lâchetés !

II

Telle est, Messieurs, notre règle de conduite, au moment où nous sommes.

Nous devons choisir des mandataires qui exercent un contrôle équitable de la gestion des choses politiques, et qui se tiennent à l'écart des complaisances serviles comme des excitations aveugles de la Révolution.

Nous devons nommer des représentants qui comprennent les vraies destinées de la patrie et qui aient dévoué leur existence à l'accomplissement de ces destinées.

Nous devons confier la députation nationale aux candidats qui peuvent servir à la fois les grandes idées et les grands intérêts du pays ; ces grands intérêts, par la connaissance de la science politique et économique, nécessaire à cette œuvre, et que tous les empirismes ignorent ; ces grandes idées par l'union de la foi à l'investigation rationnelle, par l'intelligence et l'amour de la conservation croyante unis à l'intelligence et à l'amour d'une juste rénovation.

Nous devons voter pour les hommes qui ont cette conviction inébranlable que la politique reposera sur du sable mouvant tant qu'elle ne sera point basée sur les principes catholiques de l'ordre universel.

Nous devons voter pour les hommes qui se disent dans leur âme et qui diront à la face du monde, que devant la menace suspendue sur l'Europe, des pouvoirs liberticides, des autocraties libérâtres, du césarisme ou de l'anarchie, la liberté de l'Eglise et de son chef, le représentant du Christ, doit être proclamée comme l'appui du droit et de l'honneur, comme le boulevard de toutes les pacifiques libertés !

Je viens de vous dire, Messieurs, notre première obligation de cet ordre, dans les circonstances actuelles : affirmer les principes sauveurs de la politique chrétienne et rénovatrice.

Mais, pour défendre ces principes, pour les faire triompher dans cette lutte, nous avons cet autre devoir :

Résister, en vaillants citoyens, à la pression que le Pouvoir prétend encore faire peser sur nous dans l'exercice de notre action électorale.

Certes, voilà une pression démoralisante, une pression qui foule l'équité et qui fait honte à notre patrie !

Comment ! Nous avons le droit d'élire nos mandataires ; que dis-je ? nous avons le devoir de les choisir avec consciencieuse probité.

Et, pour user de notre droit, pour exercer notre devoir, nous serions suspectés, menacés !

Vous êtes des hommes de cœur, vous qui êtes ici !

Eh bien ! ne tenez pas plus compte de leurs intimidations que de leurs promesses.

Leurs promesses sont vaines, leurs intimidations aussi !

A quelque agent du Pouvoir qui prétende vous influencer, vous pouvez dire :

« Est-ce vous qui vous chargez de payer nos impôts ?

« Est-ce vous qui allez combattre l'énormité des gros traitements ?

« Est-ce vous qui allez plaider contre l'arbitraire du gouvernement personnel, dont on vous prendrait pour une créature, vous qui venez l'appuyer ainsi ?

« Est-ce vous qui allez défendre les intérêts vitaux de mon pays, vous qui, dans cette campagne électorale, faites votre métier en vue d'un poste plus élevé, c'est-à-dire pour quitter au plus tôt le pays que vous aurez ainsi méservi dans un zèle qui n'est que celui de « l'avancement ? »

Dites-leur cela ; ou mieux encore, le plus souvent, n'entrez à cet égard dans aucune discussion avec eux.

Laissez-les passer leur chemin.

Et vous, que vous soyez, dans votre commune, maire, conseiller municipal ou simple citoyen, votez avec une conviction ferme et intelligente.

Votez, en ne vous préoccupant ni du préfet, ni d'intérêts étroits, ni de craintes pusillanimes, mais en songeant à Dieu, à l'équité et à votre pays !

Voilà, Messieurs, votre devoir.

Et quel est celui de vos mandataires ?

Redisons-le, on ne saurait trop y insister.

C'est d'avoir le sens du vrai patriotisme et l'intelligence du grand avenir qui appelle la France, si elle sait marcher dans le chemin de la foi et de la justice.

C'est d'être ensuite les préconisateurs fervents de toutes les principales réformes à opérer dans l'administration politique.

Contrôle rigoureux exercé par l'Assemblée nationale ;

Décentralisation ; création de conseils cantonnaux ; extension des droits trop limités des conseils de département et de commune, pour arriver à constituer, d'une manière normale, non seulement le pouvoir central mais la vie politique dans la province ;

Convenable diminution des impôts, et notamment du budget de l'armée ;

Égalisation rationnelle entre les charges de la propriété mobilière et celles de la propriété immobilière ;

Réduction de droits exagérés, tels que ceux qui pèsent sur les patentables et ceux qui grèvent des denrées de consommation générale, les cafés, les sucres, les vins, les alcools ; moins de fiscalité dans le chiffre de divers impôts indirects et dans la manière de les percevoir ;

Diminution des droits portant sur les successions collatérales ;

Diminution très-considérable de la liste civile ;

Suppression des cumuls ; réduction des appointements excessifs, à trente, quarante ou cinquante mille francs, pour les fonctions exceptionnellement élevées :

Telles sont plusieurs des réformes urgentes à l'obtention desquelles vos députés doivent apporter leurs efforts.

Pour moi, Messieurs, qui viens me présenter à vos suffrages, si je n'ai point sans doute tout ce que je voudrais pouvoir donner à l'œuvre de la politique rénovatrice, je veux du moins y consacrer mon zèle et mes préoccupations pour tout ce qui est indispensable ou favorable au progrès de notre pays.

Je désire y servir les nobles causes auxquelles sont intéressées l'élévation et la prospérité de la France.

Et j'y appuyerai, je l'espère, tout ce qui pourra contribuer à conserver à notre patrie son influence décisive sur les destins du monde, dans l'application démocratique des principes chrétiens.

Oui, s'il plaît à Dieu, nous défendrons l'ordre social contre les despotismes et contre les démagogies.

Nous serons des pionniers ardents de la marche des sociétés humaines vers la justice politique.

Nous montrerons le progrès des peuples en dehors des attardements égoïstes et des courses désordonnées ; nous le montrerons dans la voie de l'Eglise, dans le chemin de la droiture et de la généreuse liberté !

Nous travaillerons ainsi à l'harmonie des âmes et à la fraternité des nations, œuvre qui dit tous nos enthousiasmes, œuvre qui appelle tous nos efforts, œuvre sublime qui est celle de la foi vivante et du grand amour dans l'humanité !

Certes, ils sont loin d'avoir avancé cette œuvre, les candidats de la complaisance sans caractère ; ils sont loin de pouvoir la servir, ceux qui ont constamment suivi, depuis dix-huit ans, les tristes errements gouvernementaux !

Non ! ils n'ont point fait, ils ne feront point la préparation magnanime des futures grandeurs sociales, ceux près du nom de qui l'on peut écrire :

« Méconnaissance de la politique chrétienne ; ignorance ou regrettable oubli des conditions de la vie démocratique ; approbation du piémontisme et de ses méfaits ; abandon de la Pologne ; Sadowa ; impôts écrasants ; loi militaire ; délaissement des intérêts généraux de l'agriculture et de l'industrie. »

Et ce sont ces candidats que l'on vient vous présenter encore! c'est pour eux que l'on vous presse de voter!

Ah! plusieurs d'entre vous, je le sais, ont déjà dit dans leur cœur :

« Jamais, pour ces approbateurs dociles des actes du Pouvoir!

« Jamais, pour les complaisants quels qu'ils soient!

« Jamais, pour ceux qui ont courtisé la dictature, qui lui ont livré hier notre dignité, nos hommes, nos millions, ou qui les lui livreront demain!

« Jamais, pour les hommes de ces factions désordonnées qui, au nom du « progrès » démagogique, font la décadence des nations! »

Eh bien! nous allons voir si ceux qui tiennent ce ferme langage et qui sauront y conformer leurs actes, sont nombreux parmi vous.

Nous allons voir si vous appelez l'effacement du contrôle politique, la liberté et l'honneur en décroissance, le césarisme et l'impôt croissant!

Nous allons voir si vous avez à cœur les compromissions révolutionnaires.

Nous allons voir si vous voulez ce que je veux défendre : la marche grandiose des peuples dans la foi et dans l'équité, la politique rénovatrice en dehors des malheureuses négations!

Nous allons voir qui vous préférez, pour vos mandataires :

Ou des contrôleurs au contrôle illusoire ;

Ou des instruments de ces fanatismes qui, sciemment ou non, directement ou non, tendent à établir un jour, parmi nous, le contrôle de l'anarchie;

Ou enfin le contrôle austère exercé, dans l'esprit croyant et démocratique, par un de vos concitoyens.

Lui, il n'a pas à vous donner les promesses trompeuses que les adulateurs des masses vous prodigueront.

Que vous promet-il? De l'énergie, une activité ferme, un labeur dévoué, une conviction généreuse au service de tout ce qui fera le grand avenir de la France dans une forte vie chrétienne et dans la véritable liberté!

LA

QUESTION ÉLECTORALE

EN 1869

ET LA

JUSTICE POLITIQUE

LA

QUESTION ÉLECTORALE

EN 1869

ET LA

JUSTICE POLITIQUE

DISCOURS

PRONONCÉ A VIVIERS LE 16 MAI 1869

Messieurs,

La question électorale est posée.

Cette question qu'implique-t-elle, et que réclame-t-elle comme solution, au point de vue politique et au point de vue économique?

Nous allons nous le demander, avec cette préoccupation du progrès social, qui doit être active chez nous tous.

Nous allons nous le demander, avec l'émotion de cette heure, mais, je l'espère aussi, avec la sérénité fervente qu'apporte dans les cœurs l'amour de la vérité avant tout.

I

Qu'implique la question électorale qui se présente devant nous?

Elle implique la défense de la justice politique ou bien son abandon ; son abandon sur tel point ou sur tel autre ; son abandon plus ou moins grave, plus ou moins périlleux pour la vie sociale des peuples.

Elle implique, ai-je dit, la défense de la justice politique.

Cette défense, Messieurs, c'est notre mission à tous, comme citoyens ayant le droit de délégation et de contrôle du pouvoir civil ; c'est notre obligation dans les circonstances actuelles ; c'est notre devoir dans ces élections.

Or, pour savoir comment nous avons à défendre électoralement la justice politique, il faut que nous sachions comment cette justice peut être lésée parmi nous.

Eh bien ! — pour nous en tenir ici à une vue sommaire que comportent seule des réunions comme celles-ci, — la justice politique peut être atteinte dans une nation civilisée, elle l'est en France, plus ou moins, par l'action abusive du Pouvoir et par l'influence déréglée de l'opinion.

La justice politique a contre elle, parmi nous, les tendances au césarisme et les tendances à la démagogie.

La justice politique a, chez nous, pour adversaire tout ce qui diminue politiquement la véritable indépendance, et tout ce qui la dénature en l'exagérant.

Je viens d'indiquer d'abord l'action abusive du Pouvoir.

Qu'est-ce à dire, si ce n'est la puissance anormale de l'État, son ingérance partout, sa pression se faisant sentir sur tout ?

Mais ici entendez des voix d'illusion.

Que disent-elles ? Écoutez :

« Le Pouvoir le plus étendu, c'est la stabilité d'un peuple tel que le nôtre ; c'est sa prospérité ; c'est son honneur ! »

Et devant ces mensonges, entendez la raison qui nous dit :

« Le Pouvoir le plus étendu, c'est une cause d'abaissement pour les nations modernes ; c'est en elles un commencement de ruine ; c'est, au milieu d'elles, une iniquité ! »

Quelle est, en effet, dans notre civilisation, la tâche vraie du Pouvoir public ? Quel y est le rôle juste de l'Etat ?

L'Etat doit y diriger souverainement non ce qui constitue la vie religieuse, la vie intellectuelle, la vie morale, la vie matérielle des peuples, mais ce qui sert à assurer chez eux le maintien de la stricte justice, en y encourageant toutefois, dans une convenable mesure, le progrès général.

Voilà ce que doit faire l'Etat, dans nos sociétés démocratiques.

Mais doit-il, dans un désir d'orgueilleuse omnipotence, étouffer cet ensemble d'activités qui constitue un peuple ?

Doit-il entraver constamment l'action collective ou individuelle ? doit-il usurper les droits de la famille ? doit-il confisquer ceux de la nation ?

Certes non, il ne le doit point.

Et loin d'avoir la gestion universelle de ce qui fait l'existence des peuples, il ne doit même avoir, pour son œuvre à lui, qu'une part très-restreinte du labeur qui s'effectue dans la nation.

L'œuvre la plus vaste, la plus profonde du travail national, qui est-ce qui l'opère ? C'est l'ensemble des citoyens.

Cette œuvre, vous la faites, travailleurs, par votre pensée, par votre cœur, par votre intelligence, par vos mains !

Vous la faites par votre énergie vouée aux choses de la foi, de la science ou de l'art.

Vous la faites dans le travail obscur du comptoir, de l'usine, de la ferme, de l'atelier.

Et si là vous agissez avec droiture, si vous remplissez votre devoir, vous pouvez dire :

« Nous, comme néant devant Dieu, nous ferons avec lui la vie des peuples ! nous ferons leur progrès, leur grandeur !

« Nous ferons qu'ils avançent dans cette voie sublime qui tend vers l'ordre fascinateur, religieux, politique, social ! »

Et dans ce souhait, dans cet espoir, n'y a t-il pas de quoi nous exciter noblement au milieu de notre labeur ?

Cela que nous dit-il ?

Cela nous dit que l'ordre chez un peuple vient de la somme des efforts chrétiennement dirigés vers un but généreux.

Cela nous dit que le progrès s'opère par notre activité dévouée au bien, par cette activité aidée de l'action unitaire du pouvoir public, et s'exerçant dans l'association libre et intelligente des forces et des volontés humaines.

Et cela nous inspire alors une magnanime indignation contre

les atteintes que l'excès du Pouvoir vient porter à la justice politique.

Cela nous anime à défendre cette justice contre tous les méfaits liberticides. Cela nous montre les deux écueils de la démocratie moderne, et nous dit de prendre le chemin qui évite ces brisants dangereux : le césarisme et l'anarchie.

Le césarisme ! Messieurs, voyez l'Europe ! Le césarisme est en germe et plus qu'en germe, à Pétersbourg, à Moscou, à Florence, à Paris, à Vienne, à Berlin.

Sous un semblant d'ordre trompeur, sous un libéralisme qui s'abuse, il est ni plus ni moins au fond de la situation européenne.

Ce germe, développé déjà, qu'est-ce qui l'empêchera de croître ? qu'est-ce qui l'étouffera ?

Cela seul qui peut faire ici la liberté des âmes !

Ce qui l'empêchera de grandir, le savez-vous ?

C'est la vie de l'Eglise ; c'est la forte expansion de cette vie dans les pensées, dans les cœurs, dans les faits sociaux.

C'est la pleine liberté de l'Église ; c'est cette liberté que contribue à garantir la puissance souveraine du Pontificat romain.

Oui, c'est là qu'est la force morale devant qui les césarismes fuiront !

C'est là ce qui assurera la transformation du vieux monde en un monde de plus de justice ; c'est là ce qui amènera le triomphe ! c'est par là que ces gloires viendront : par la liberté de l'Église, par le double pouvoir spirituel et temporel du Souverain Pontife !...

Aussi, je le défendrai, ce double Pouvoir du Saint-Siége, ce droit suprême que j'ai affirmé hautement, avec les noms les plus grands et les plus purs de la politique contemporaine ; ce droit qu'ont proclamé les défenseurs de la liberté moderne que j'ai le plus aimés, dont la pensée m'est douce, ou dont le souvenir m'est cher !

Ce Pouvoir, je le défendrai comme la clef de voûte de la société chrétienne, comme un indispensable appui de la justice politique contre les tentatives d'asservissement des corps et des âmes !

Ce Pouvoir, je le défendrai, quand il le faudra, contre la démagogie illusoirement rénovatrice et contre les forfaits césariens !

Et je croirai défendre ainsi la civilisation contre le Pouvoir abusif dans son expression la plus redoutable, dans sa tendance à un despotisme voulant étouffer les convictions, cherchant à effacer les caractères, appelant la domination inique sur les esprits et les cœurs asservis !

Mais le césarisme, à l'état de développement commencé, tel qu'il apparaît en Europe, à cette heure, le césarisme, que nous devrons repousser, si les faits y obligent, dans son hostilité sourde ou menaçante contre Rome chrétienne, nous devons aussi le combattre ailleurs.

Et où donc ? Partout où il s'étale, comme Pouvoir désordonné !

Nous devons le combattre où qu'il se montre : dans la commune, dans le département, dans l'Etat ; dans ses empiétements sur les droits de la famille et sur les droits de la patrie !

Nous devons le combattre dans les rapports de gouvernants à gouvernés, où ses rouages dispendieux et durs écrasent les justes et fières libertés ; dans les relations de peuple à peuple, où il tend à accroître les sanglantes désunions humaines, où il se dresse sans cesse comme l'obstacle permanent à la fraternité des nations !

Le césarisme, nous devons le combattre, qu'il se couvre du nom menteur de salut public, du prestige de la gloire nationale, ou du masque de la *raison d'Etat !*

Nous devons le combattre, qu'il prenne le faux air paternel des gouvernements d'absolutisme ; qu'il soit le despotisme civilisé que connaît notre époque, ou qu'il soit l'intraitable autocratie !

Le césarisme, nous devons le combattre, qu'il cherche à démoraliser pour régner, ou à moraliser trompeusement pour durer ; qu'il veuille la paix pour énerver, ou la guerre pour dominer !

Le césarisme, nous devons le poursuivre sous tous ses replis, dans tous ses mensonges, dans toutes ses hypocrisies, dans tous ses moyens d'abaissement de la dignité des peuples et d'étouffement de l'amour d'une généreuse liberté !

Oui, nous devons lutter contre lui, mais dans la sagesse, non dans les démences de l'orgueil ; dans la revendication légitime et régulière de nos droits, non dans la révolte factieuse qu'enfièvre l'esprit de vertige de la Révolution !

Si donc, Messieurs, dans ces élections, nous tenons à répondre à l'appel de la justice politique, ce que nous avons à faire, d'une part, c'est ceci :

Proclamer, par notre vote, que nous voulons résister à toute tendance au césarisme ; que nous voulons la force dans le Pouvoir, mais non l'extension abusive ni l'action sans contrôle ; que nous voulons non le pouvoir personnel dans l'arbitraire, mais le pouvoir national dans l'équité !

Mais ce ne sont pas seulement les tendances césariennes que nous avons à écarter ; ce sont aussi celles d'une idéologie politique désordonnée.

Contre celles-ci, il nous faut protester autant que contre les prétentions inadmissibles du régime dictatorial.

Que ces impulsions se manifestent dans l'opinion ou dans les partis, nous devons réagir contre elles.

Notre devoir, en effet, quel est-il ? C'est de servir la justice politique.

Et la justice politique, c'est l'ordre dans la démocratie ; c'est le respect des droits des gouvernants et le respect des droits du peuple ; c'est la transformation sans bouleversements ; c'est l'avènement pacifique du droit social des multitudes, et non le déchaînement des factions contre tout ce qui est autorité.

C'est la résistance aux engouements faux, aux vains entraînements de l'opinion qui, pour fuir cet excès, la domination des pouvoirs personnels, court se précipiter dans cet autre excès, la démagogie, autre forme de la domination !

C'est, en un mot, l'intelligence de ce qui doit être l'âme et l'organisme de la démocratie ; et c'est la conduite conforme à cette notion vraie.

L'âme de la démocratie? oui, sans doute. Et qu'est-ce, Messieurs ?

C'est l'amour chrétien, le souffle catholique, inspirant honneur, droiture, dévouement ; pénétrant les combinaisons rationnelles, vivifiant le mécanisme extérieur, faisant palpiter les choses politiques de cette animation puissante qui montre toujours le but supérieur et qui, entraînant les peuples vers ce but, amène les grandes civilisations !

L'organisme de la démocratie ? oui, sans doute aussi. Et cet organisme, qu'est-il ?

C'est l'action normale du Pouvoir ; c'est le contrôle de la nation ; c'est l'unité sans étouffement ; c'est la liberté sans pulvérisation ; c'est l'association des énergies individuelles, sachant quelle est la mission nationale et s'efforçant de la faire accomplir !

Sachons donc, nous aussi, Messieurs, ce qui est l'âme et ce qui est l'organisme vivant de la politique moderne.

Cette connaissance, apportons-la dans toutes nos actions civiques ; manifestons-la dans ces élections ; et nous y serons les généreux soldats de la cause rénovatrice.

Oui, comprenons notre époque et ses nécessités sociales.

Ayons le noble amour démocratique ; ayons-le pur, fervent, inextinguible !

Avec lui, nous n'enfermerons pas nos pensées dans la préoccupation de quelques intérêts exclusifs ; nous penserons à la justice et à notre France ; nous penserons aux peuples souffrants, aux peuples vaincus, comme nous songeons à notre famille et à notre patrie !

Avec cet amour, nous préconiserons la grande démocratie chrétienne, contre les idolatries du Pouvoir et contre les folles émancipations.

Avec lui, nous repousserons les orgies libérâtres, les machiavélismes d'iniquité !

Avec lui, nous mépriserons les chimères du socialisme, à la poursuite desquelles les peuples, s'ils s'y égarent jamais, perdront le progrès moral, la grandeur nationale, l'ordre matériel ; à la poursuite desquelles ils manqueront tout, parce qu'ils manqueront leur mission chrétienne dans la foi et la vraie liberté !

II

Telle est la justice politique qui nous dicte en ces jours notre devoir d'électeurs, et qui nous dit de fuir les déviations funestes vers le césarisme ou l'anarchie.

Et cette justice, quel devoir nous impose-t-elle pour les choses de l'ordre spécialement économique qui doivent nous préoccuper dans ces élections ?

Elle nous enjoint de repousser les fausses tendances qui viennent soit de l'excès du Pouvoir, soit d'un individualisme déréglé.

Elle nous dit de stigmatiser la fiscalité et ces dépenses publiques excessives qui dévorent le fruit de votre travail, à vous agriculteurs, à vous commerçants, à vous industriels, à vous ouvriers !

Partout, dans l'Etat, elle nous montre la prodigalité. Et elle nous crie : Est-ce justice?

Est-ce justice que l'on jette en travaux de capitale les finances et les bras de la France, lorsque tout cela fait défaut à d'utiles labenrs ?

Est-ce justice que des combinaisons suspectes du Pouvoir dictatorial tendent, parmi nous, à exagérer là le luxe, ici la pauvreté ?

Est-ce justice que le militarisme y favorise le dépeuplement des campagnes et l'oisiveté des garnisons ?

Est-ce justice que la partialité gouvernementale fasse que des servilismes regorgent, et que de vaillantes énergies luttent dans un isolement précaire, dans une adversité courageuse, contre les rigueurs de la vie ?

Sont-ce ces moyens du favoritisme, du « succès » insolent des uns, de l'égoïste délaissement des autres qui préviendront les luttes sociales, qui amèneront l'union des volontés divergeant aujourd'hui dans un malheurenx individualisme, quand elles devraient converger, dans l'amour fraternel, vers Dieu, vers le vrai, vers le but des nations ?

Non, ce n'est point là ce qui peut faire dans les peuples la politique nationale ; ce n'est point là ce qui peut amener la politique humanitaire entre eux tous.

C'est ce qui y perpétuera les accaparements injustes et les haineuses revendications.

C'est ce qui fera s'y succéder sans cesse la pression du Pouvoir, le vain libéralisme des partis, l'exploitation des dupes par les habiles, les menées turbulentes des factions !

Ah ! elle est pauvre devant la justice, la politique des courtisanneries !

Elle est amère pour les peuples, la politique qui écarte la juste indépendance et soudoie la servile adulation !

Elle est dégradante, elle est ruineuse pour les nations, la politique qui, pour céder ses faveurs, exige l'effacement des caractères, l'assaut immoral des habiletés, l'abdication des convictions sincères et l'amoindrissement de l'âme !

Cette politique a une prospérité d'un jour ; mais elle amène sur elle et sur les peuples la catastrophe qui ne tarde point !

C'est pour arrêter ces tendances, c'est pour qu'elles ne finissent point par prévaloir dans notre Occident, que nous devons, dans ces élections législatives, faire œuvre courageuse d'intelligence et de probité.

Le césarisme payen apparaît déjà trop. Il épie notre civilisation ; il cherche à y avoir son heure, à y faire acclamer ses triomphes !

L'idéologie révolutionnaire se montre trop aussi. Elle se montre avec l'anarchie des pensées, avec les rêves de l'utopie, avec l'appel aux passions coupables, avec mille ferments de désunion !

Devant cela, que ferons-nous ? Que ferons-nous dans cette lutte ?

Ne protesterons-nous point par notre vote, au nom de la justice politique, contre tout ce qui tend à livrer la France à la fiscalité, au favoritisme, aux compromissions de notre dignité, à la dissipation de nos ressources nationales ?

Ne protesterons-nous pas, au nom de la justice politique, contre les manœuvres de la démagogie, contre les théories dissolvantes d'un radicalisme subversif de l'ordre social ?

Devant le césarisme, devant le délire révolutionnaire, ne dirons-nous pas à tous :

« Avez-vous sondé ces abîmes ? avez-vous regardé ces périls ? »

Ah ! si vous avez interrogé, si vous avez compris ces doctrines d'abaissement, ou ces négations qui amoncellent des tempêtes, vous vous écrierez :

« Loin de nous, ces aberrations ! Loin de notre France, ces excès.

« Ils amènent la séparation redoutable des antagonismes sociaux.

« Ils corrompent les mœurs privées ; ils dépravent les mœurs publiques.

« Ils ruinent le patriotisme ; ils font disparaître la foi des nations !

« Ils font que les situations matérielles y sont pleines d'incertitudes et d'iniques contrastes.

« Ils font que les situations morales y deviennent pleines de bassesses, de dégradations, de déshonneur, d'infamies ! ».

Messieurs, c'est contre ces tendances césariennes ou démagogiques que je pose ici ma candidature ; c'est pour contribuer à ce que la France réagisse contre elles, que je fais appel à vous !

C'est pour que nous ne nous payions pas des vains leurres du gouvernementalisme ou de l'idéologie anarchique, que je vous dis :

Suivons ici ensemble non l'intrigue, non l'habileté, non des vues chétivement personnelles, mais la justice politique !

C'est là le vrai sens de ces élections, la raison de ce mouvement national ; c'est le juste motif d'y combattre ; c'est l'effort qui mérite d'y vaincre !

Agissons ainsi, et nous opèrerons ce que cette question électorale réclame comme solution légitime :

La défense de la justice politique, généralement, par la résistance pacifique aux impulsions coupables, aux directions désordonnées ; spécialement, par la lutte contre les prodigalités financières, les impôts excessifs et l'accaparante fiscalité.

Et maintenant, qu'allez-vous faire ? quelle réponse allez-vous jeter, dans l'urne électorale, à l'appel de la grande équité ?

Ferez-vous passer des illusions avant la raison généreuse ? tiendrez-vous plus de compte de petits intérêts mal entendus, que des intérêts supérieurs bien compris ?

Supposerez-vous que l'ordre politique existe en dehors du but chrétien, qui seul est véritablement celui des choses sociales comme de toutes les choses humaines ?

Cet ordre, le comprendrez-vous sans la modération puissante et sans le zèle pour la cause de la vraie liberté ?

Préfèrerez-vous les faveurs qu'ont à donner les Pouvoirs abusivement personnels ou les fiévreuses excitations du popularisme, aux bienfaits de la justice politique, que vous pouvez concourir tous à donner à notre pays ?

Choisirez-vous l'indépendance des hommes de foi, l'indépendance légitime du citoyen, celle qu'ont aimée dans le passé, celle qu'aimeront dans l'avenir les âmes qui ont eu ou qui auront l'amour de l'équité sociale dans l'esprit rénovateur et chrétien ?

Vous allez le montrer bientôt.

Dans peu de jours, nous le verrons.

ÉPILOGUE

L'APPEL DE L'AVENIR

ÉPILOGUE

L'APPEL DE L'AVENIR

Ce qui l'a emporté, nous l'avons vu.

Dans ce mouvement d'opinion, la pression gouvernementale devait produire, ici comme ailleurs, ses conséquences inévitables.

Élle devait jeter beaucoup de ceux qui désiraient des réformes politiques, dans le parti bruyant des exagérations révolutionnaires.

Et, en faisant une coalition complétement factice des éléments qui repoussent l'esprit déréglé de la révolution ; en les rattachant, par intimidation ou par promesses, à un centre qui, pour un grand nombre d'entre eux, n'était point celui de leurs tendances, et qui, pour tous, n'était point celui de leurs vrais intérêts, elle mettait obstacle à toute généreuse union pour faire triompher, parmi nous, l'idée religieuse et démocratique.

Devant cette pression, qui est venue merveilleusement en aide aux apathies sans caractère et aux impulsions désordonnées, ce qui a dû avoir le succès, ce sont les influences extérieures et les frivoles entraînements ; ce qui a dû être peu écouté, c'est la sevère et calme raison.

Après le vote des 23 et 24 mai, et avant le scrutin de ballotage de juin, j'ai publié cette déclaration :

A MES ÉLECTEURS.

Les élections de notre arrondissement vont inscrire un nouveau succès au compte des théories de Machiavel.

Des faits de la plus étrange illusion politique, des lâchetés, des bassesses, des mensonges, des hypocrisies, de honteuses défections, une pression illibérale faite au nom de l'ordre public, en vue d'appuyer un système désastreux pour le pays, l'excitation des convoitises, l'accaparement liberticide des ignorances abusées et l'embauchage révolutionnaire masqués du nom de « liberté » : voilà ce que nous venons de voir devant nous.

Devant ce spectacle d'aveuglement, bien moins dans nos généreuses multitudes, que chez beaucoup de ceux qui s'en sont fait les meneurs, eux qui, par leur position sociale, ont le devoir de diriger l'opinion dans la voie du vrai ; devant ce déchaînement de l'immoralité politique presque sous toutes ses formes et sous tous ses noms, je me retire momentanément d'une lutte trop inégale, à cette heure, pour l'énergique et droite sincérité.

Assurément ni vous ni moi n'avons voulu ni ne voudrions jamais employer certains moyens puissants dont les « habiles, » parmi nos adversaires, ont tenu et tiennent à se servir.

Je me désiste donc. Et, tout en déplorant les regrettables méprises de beaucoup de nos chers concitoyens, je reste convaincu que le plus grand nombre d'entre eux, laissés librement à leur impulsion personnelle et n'étant point soumis aux tristes influences qui ont désordonnément agi sur eux, partagent les principes de celui des quatre candidats qui vient d'avoir ici la minorite des suffrages.

Je reste persuadé que généralement nos compatriotes désirent, dans leur cœur, la réalisation ferme et loyale du programme politique que nous leur avons présenté et qui se résume ainsi :

« Défense impartiale de la justice démocratique ;

« Défense de la foi chrétienne et des vraies libertés modernes ;

« Gouvernement du pays par lui-même ;

« Rigoureux contrôle politique, en dehors de toute inféodation aux pouvoirs personnels, en dehors des complaisances gouvernementales, et en dehors aussi des tendances désordonnées de la Révolution. »

Oui, je le pense avec vous, — et l'avenir, je l'espère, nous donnera raison, — voilà ce que la plupart de nos concitoyens souhaitent, et non les situations excessives, les déviations, vers lesquelles de part et d'autre on les sollicite, et vers lesquelles, en ce moment encore, on parvient à les entraîner.

Quant à vous qui avez mis votre honneur au-dessus des malheureux enrôlements sous telle ou telle cocarde de parti ; qui avez voulu, dans cette lutte obéir, non pas à un mot d'ordre plus ou moins illusoire, mais à la voix de votre conscience ; qui avez pensé que c'était là la digne manière de servir l'ordre, la juste indépendance politique et la véritable démocratie, gardez vos indignations contre ces exploitations populaires par les satellites du Pouvoir et par les sectaires de la Révolution !

Je suis heureux de vos nobles efforts et je vous remercie profondément, en vue de la politique chrétienne et rationnelle qui réclame notre action de citoyen, en vue des grands principes pour lesquels nous avons combattu !

Le succès aujourd'hui nous échappe, mais les principes restent et la vérité appelle toujours !

Nous sommes vaincus au point de vue du nombre, mais moralement nous triomphons.

Et, un jour prochain, la prépondérance du fait sera, n'en doutons pas, à la cause qui a eu votre dévouement.

Nous préparerons ce triomphe. Nous nous retrouverons dans des temps meilleurs !

31 mai 1869.

Les faits qui se sont produits, dans l'Ardèche, pendant cette période électorale, et plusieurs des principales réflexions qu'ils peuvent suggérer, sont, je crois, indiqués dans ces quelques mots.

Ces faits ont montré, se déroulant ici sur un théâtre restreint, des vérités et des erreurs qui apparaissent dans tout l'horizon européen.

La société politique de l'Occident révèle, en ce moment, presque partout les mêmes nobles aspirations et les mêmes vues insuffisantes, les mêmes antagonismes irrationnels.

Elle manifeste presque partout le désir de la conservation sociale, trop peu associé à la légitime action politique.

Elle montre, avec certaines pensées généreuses, les méprises de l'ignorance, les préventions de l'étroit rationalisme, les tyrannies doctrinales de perfides négations, les mesquins partis pris qui, au nom d'une vérité partielle acceptée, repoussent la vérité totale méconnue.

Elle accuse trop fréquemment une confiance dans le *progrès*, allant avec une entière méconnaissance de ce qui en fait les conditions vitales, avec l'oubli et parfois le dédain du point de départ et du point d'arrivée de la marche humanitaire.

Elle atteste souvent une superficialité qui suppose que l'on peut faire porter une vaste transformation sociale sur quelques déductions, vraies ou fausses, des principes premiers, en ne connaissant pas, en n'affirmant pas ces principes immuables et divins.

Un avenir viendra, où, chez le grand nombre, ces illusions auront disparu ; où la conservation et le progrès auront trouvé leur harmonie dans l'acceptation des principes qui constituent l'ordre catholique.

Un avenir viendra, où Jésus-Christ, la Vérité vivante, sera compris comme étant Celui de qui dérive toutes les vérités sociales ; où lui, la Sagesse essentielle, sera posé dans les cœurs et dans les institutions, comme créant et vivifiant l'ordre humanitaire ; où lui, la Justice tout amour, sera proclamé l'animateur du monde de la justice et du monde de la fraternité !

Un avenir viendra, où les puissances de l'Association, cette force politiquement rénovatrice, auront leur magnifique expansion dans l'unique milieu de la solidarité intégrale, l'Eglise, où seulement pourra se faire l'union des hommes et des peuples, puisque là seulement se fait l'union de l'homme à Dieu !

Cet avenir, nous l'avancerons si nous savons défendre, dans le mouvement contemporain, les principes chrétiens et rationnels, seuls conciliateurs, car seuls ils sont supérieurement vrais.

Qu'aurons-nous fait ainsi par nos efforts consacrés sans orgueil à préparer une époque moins troublée ?

Nous aurons jeté les fondements de la vraie rénovation sociale.

Nous aurons contribué à faire de nous un peuple épris d'une noble ardeur pour la politique chrétienne ; un peuple ayant la direction magnanime et puissante de ce que nos vœux ont appelé souvent, de ce que, je l'espère, les faits tendront désormais à établir.

Nous aurons concouru à constituer une France ayant l'hégémonie de la grande République européenne, des Etats-Unis de notre Occident.

TABLE DES MATIÈRES

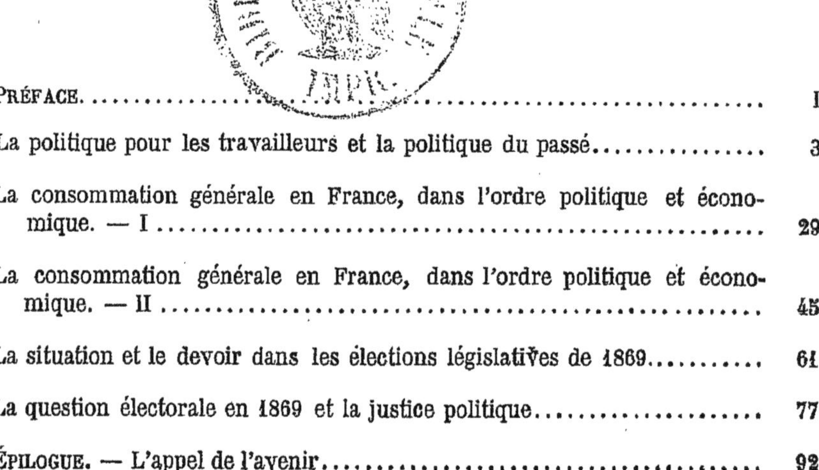

PRIVAS. — IMP. ROURE.

www.ingramcontent.com/pod-product-compliance
Ingram Content Group UK Ltd.
Pitfield, Milton Keynes, MK11 3LW, UK
UKHW012240240726
13966UKWH00003B/1181

9 782012 477308